Louise Dupré

20-5-88

COUPLES EN TRANSIT

Éditeurs:
LES ÉDITIONS LA PRESSE (1986)

Maquette de la couverture:
MICHEL BÉRARD

Traduction française de *Sexual Static* publiée à la suite
d'une entente entre Morton H. Shaevitz, représenté par
Margaret McBride Literary Agency, Inc., LaJolla,CA, U.S.A.,
et Les Éditions La Presse, Ltée.

(Les Éditions La Presse [1986] sont une division de
Les Éditions La Presse, Ltée,
44, rue Saint-Antoine ouest, Montréal H2Y 1J5)

© Copyright, Ottawa,1988

Dépôt légal:
BIBLIOTHÈQUE NATIONALE DU QUÉBEC
2e trimestre 1988

ISBN 2-89043-237-8

1 2 3 4 5 6   93 92 91 90 89 88

Dr Morton H. Shaevitz

COUPLES EN TRANSIT

Traduit de l'américain
par Marie-Josée Chrétien

POUR UNE NOUVELLE DYNAMIQUE DANS LES RAPPORTS AMOUREUX

la presse

Livres déjà parus de
Morton et Marjorie Hansen Shaevitz

Making It Together as a Two-Career Couple
The Superwoman Syndrome

À la mémoire de mon père,
Arthur Shaevitz,
un homme bon et aimant.

Sommaire

Remerciements

Couples en transit a pris forme en octobre 1983, lorsque Larry Kirshbaum, alors éditeur chez Warner Books, m'a demandé d'écrire un chapitre au sujet des hommes pour le livre de ma femme intitulé *The Superwoman Syndrome*. Les réactions enthousiastes de nombreux lecteurs m'ont convaincu de l'utilité d'un ouvrage qui expliquerait aux femmes pourquoi les hommes se comportent comme ils le font.

Bill Phillips, qui est un éditeur à la fois patient et ferme, a tout de suite reconnu l'intérêt de mon projet. Pendant notre collaboration, il s'est montré exubérant, drôle et prêt à prendre des risques, détruisant ainsi tous mes préjugés à l'endroit du comportement.

Je désire remercier plus particulièrement tous les spécialistes des femmes et des relations qui ont passé mon premier manuscrit au peigne fin, les docteurs Judy Bardwick, Natasha Josefowitz et Alice Sargent. Mes remerciements vont aussi aux amis et collègues qui m'ont aidé en cours de route, Alan Armstrong, le docteur Spencer Johnson, le docteur Emily Majer, le docteur Ken Majer, le docteur Steven Schutz et Susan Schutz.

À Margaret McBride dont le dévouement en fait un agent littéraire hors pair.

À Carol Hunt, pour son aide au tout début du projet, et à Florence Friedman et Cynthia Douglas, qui ont patiemment dactylographié les nombreuses versions de mon manuscrit. À Mignon McCarthy, qui s'est assurée que les besoins des célibataires ne soient pas oubliés et qui a révisé la version finale du manuscrit.

Finalement, je dois beaucoup à mon épouse et collègue, Marjorie, dont les intuitions au sujet des femmes apparaissent tout au long du livre et qui a persévéré à me ramener sur la bonne voie, malgré mes réactions parfois négatives.

Note de l'auteur

Les idées contenues dans ce livre se sont imposées à moi au cours de mes 20 ans d'exercice et de recherche en tant que psychologue. J'ai passé des milliers d'heures à écouter les hommes parler de leurs sentiments au sujet de leurs femmes. Nous avons abordé ensemble tous les sujets depuis les fréquentations, la vie à deux, le mariage et les enfants, jusqu'à la concurrence entre les deux sexes, l'amour, la rupture et la perte de l'être cher.

J'ai rencontré des hommes et des femmes individuellement ou en couples. J'ai également donné de nombreuses conférences où des membres de l'auditoire m'ont raconté leurs expériences personnelles. Finalement, en tant qu'homme, je ne suis pas étranger aux énigmes soulevées par les relations entre hommes et femmes. J'ai personnellement fait l'expérience, parfois douloureuse, de la plupart des problèmes figurant dans ce livre.

Afin de protéger l'identité des personnes avec lesquelles j'ai travaillé, les situations ou les cas décrits dans ce livre ne se réfèrent à aucun individu ou couple en particulier. Les noms, professions et autres détails permettant de reconnaître ces personnes ont été ajoutés, supprimés ou modifiés.

I

Adam était un solitaire

Adam était un solitaire, mais il n'en laissait rien paraître à personne, surtout pas à Ève. Depuis la nuit des temps, les hommes se sont toujours sentis seuls et dépendants des femmes. Mais ils n'allaient certes pas le leur dire. Mieux valait avoir l'air fort, au-dessus de ses affaires et surtout ne jamais enlever son masque, c'est-à-dire être l'homme stoïque parfait, du moins en apparence.

Ce portrait n'est pas celui d'une exception, mais bien celui de la *plupart* des hommes avec lesquels les femmes tentent, aujourd'hui, d'établir des relations. En fait, Adam n'est que l'ancêtre d'une longue tradition. Face à l'autre sexe, l'homme nord-américain a toujours joué le Grand Mystificateur.

Et le Grand Mystificateur, l'Adam de la fin du XXᵉ siècle, se trouve maintenant emporté dans le tourbillon de la révolution des rôles sexuels. Que peut-il faire sinon adopter un déguisement encore plus complexe que par le passé ? Même avec leurs amantes et leurs partenaires, la plupart des hommes affichent un air calme, qui cache leurs sentiments de panique devant l'effondrement de leur rôle avec l'autre sexe.

Bien entendu, les femmes ont beaucoup d'avance,

car elles ont été à l'avant-garde de ce mouvement. Beaucoup de choses ont changé pour elles au cours des dernières décennies. Les médias populaires ont applaudi et examiné en détail ces changements qui continuent de susciter beaucoup d'intérêt. Nous en avons appris énormément sur les femmes : ce qu'elles veulent, où elles vont et comment elles s'y prennent pour équilibrer leur vie. Mais nous en savons bien peu sur ce qui est arrivé aux hommes pendant ce temps. Par rapport à l'avalanche de publications sur les femmes, les quelques documents consacrés aux hommes paraissent insignifiants et donnent une image déformée et exagérée de la réalité.

Aujourd'hui, l'image des hommes en public pourrait laisser croire qu'ils ont parcouru le même chemin que leur partenaire. Les longs métrages et les films tournés pour la télévision mettent en scène le mari qui reste à la maison. Les groupes d'hommes font la une (surtout des journaux et revues féministes, bien sûr). On croit volontiers que des milliers d'hommes ont joint les rangs du mouvement de libération des hommes, pendant que quelques milliers d'autres attendent avec impatience le début de leur prochain week-end d'auto-analyse. Mais c'est là la perception populaire de la situation.

Quelle absurdité !

La *triste* réalité est bien différente !

Malgré toutes les transformations qui se sont produites dans la vie des femmes, il faut bien avouer que le coeur et le raisonnement des hommes n'ont guère changé. En fait, les hommes qui restent à la maison sont peu nombreux. Ce n'est d'ailleurs qu'une faible minorité d'hommes qui ont fait partie de groupes de sensibilisation, sans compter que seuls quelques-uns ont poursuivi cette démarche jusqu'au bout.

Aujourd'hui, la plupart des hommes nord-américains se sentent confus, stressés et carrément incertains de la tournure que prendront les événements pour eux. Ils sont à la fois révoltés et très malheureux des stéréotypes masculins qui circulent. Ils me confient qu'ils en ont assez des images masculines de la mauviette, du bourreau de travail et du type insensible.

Mais pourquoi un tel écart entre l'image et la réalité?

Les hommes en sont peut-être un peu responsables eux-mêmes. Ils forment un groupe qui ne manifeste pas facilement ses sentiments. Et ils sont encore plus silencieux du fait que le climat social actuel leur rend difficile d'exprimer (de manière générale et aux femmes, en particulier) quelques sentiments autres que positifs à l'égard des femmes et des changements qu'elles prônent. Ils soutiennent que remettre la «révolution» en question ou exprimer toute opinion négative à son sujet provoque un tollé général. On les accuse d'être réactionnaires, chauvins, voire préhistoriques.

C'est pourquoi les commentaires publics des hommes sont favorables, mais leur coeur n'y est pas. Et les médias ne retiennent que ces paroles d'appui, pourtant mitigé, et donnent l'impression que les hommes sont entièrement satisfaits de la situation actuelle.

Lorsque les hommes sont entre eux, cependant, ils en ont long à dire sur le sujet. Il ne faut que quelques minutes de discussion pour que leurs vrais sentiments commencent à apparaître. J'entends alors des mots comme «coincé», «plein de ressentiment», «amer» et même «exaspéré».

Parce que les hommes n'ont pas le droit d'être faibles, ils n'osent pas dire qu'ils se sentent «abandonnés», «isolés», «ignorés», «vulnérables», «négligés» ou «bouleversés». Si les femmes doivent souvent essuyer les conséquences de la colère des hommes, il faut reconnaître qu'elles ne les entendent presque jamais exprimer leurs besoins fondamentaux.

Et pour ajouter à toute cette confusion, la plupart des hommes (comme ceux décrits dans le présent livre) *disent* ce qu'il faut dire (souvent avec une apparente conviction) mais *pensent* tout autre chose. Leur comportement (comme celui des femmes d'ailleurs) est habituellement dicté par ce qu'ils pensent plutôt que par ce qu'ils disent.

Dans la vie de tous les jours, cette supercherie masculine ne fonctionne qu'à moitié. Les véritables sentiments finissent toujours par refaire surface d'une manière ou d'une autre. Qui ne connaît pas le dicton: «Les actes en disent plus long que les mots».

Prenons le cas de Stéphane et de Lucie.

LUCIE: Parfois, je n'arrive pas à comprendre ce qui se passe. Je vis avec un homme de 31 ans qui proclame ouvertement être en faveur de l'égalité des femmes. Il ne cesse de me dire combien il est fier de mes succès professionnels et combien mon salaire aide à équilibrer *notre* budget. En fait, toutes ses paroles me laissent entendre: *Fonce, je suis de tout cœur avec toi!*

Pourtant, il fait une tout autre tête dès que je lui dis que je dois travailler pendant le week-end ou rencontrer un ami pour le déjeuner. Et, malgré toutes mes activités, il s'attend encore que je lui prépare des petits plats mijotés, que je planifie notre vie sociale, que je mette du piquant dans notre vie sexuelle, que je fasse du jogging avec lui et Dieu sait quoi encore!

Je me sens complètement frustrée.

STÉPHANE: Lucie ne cesse de me répéter que son travail est très important pour elle. Elle a aussi beaucoup d'amis assez proches. Je trouve très bien qu'elle participe à toutes sortes d'activités, mais j'aimerais bien savoir quelle place j'occupe dans tout ça! Je voudrais sentir que, comme avant, c'est moi qui compte le plus pour elle. Mais je finis toujours par avoir l'impression d'être la dernière de ses préoccupations!

Elle dit toujours qu'elle doit équilibrer sa vie et mieux organiser son emploi du temps. Mais si j'examine bien ce qui se passe, je me rends compte qu'il ne reste jamais assez de temps pour *nous.* Quand je lui demande de faire quelque chose — passer une soirée ensemble tous les deux, faire l'amour, parler de ce qui se passe dans nos vies ou, mon Dieu, préparer un dîner de temps en temps —, elle semble toujours contrariée. Et si elle accepte, on dirait qu'elle est ailleurs. C'est comme si elle me faisait une grande faveur.

Tout est devenu tellement compliqué que je ne prends même plus la peine de demander quoi que ce soit. Cela semble lui convenir parfaitement. Honnêtement, je commence à en avoir assez de nos querelles et de sa colère. C'est une femme merveilleuse, mais je commence à me demander si elle est la femme qui me convient.

Ce genre de discours vous dit quelque chose?

En ce moment, des millions d'hommes et de femmes se débattent contre les mêmes problèmes; des hommes et des femmes de toutes les couches de la société, des professionnels ou des ouvriers, qui vivent en couples selon le modèle traditionnel ou à la manière moderne, poursuivant chacun leur propre carrière. Lucie est le type même de la femme qui s'ouvre de nouveaux horizons, tandis que Stéphane incarne l'exemple parfait des hommes qui ne savent plus quoi en penser.

Les changements dans l'arrière-garde

Ne nous le cachons pas, l'Homme Nouveau est un mythe. Si vous êtes une femme en quête d'un tel homme, il vaut peut-être mieux rajuster votre tir. Certains hommes présentent, bien sûr, de petits fragments de l'Homme Nouveau. Vous aurez même remarqué que ces petits fragments se manifestent généralement quand ils commencent à vous faire la cour. Mais si vous croyez que les Hommes Nouveaux courent les rues, vous prenez vos rêves pour des réalités. De plus, sachez qu'il est tout aussi illusoire de penser qu'ils sont légion à espérer et à vouloir *devenir* des Hommes Nouveaux!

Cela n'implique pas que les hommes ne changent pas du tout ou qu'ils soient réactionnaires. En réalité, bon nombre d'entre eux se demandent surtout si «les choses ne sont pas allées trop loin». À mon avis on ne peut plus revenir en arrière. Non seulement la révolution a eu lieu, mais elle se poursuit toujours. En effet, c'est loin d'être fini. Cependant, les hommes ont trop tardé à se joindre à cette immense vague révolutionnaire. Voilà le problème.

Les hommes changent beaucoup plus lentement, plus discrètement et de façon plus hésitante que les femmes. Ils tirent de l'arrière. Ils se font bousculer et subissent de toutes parts des pressions qui les forcent à s'engager dans un avenir inconnu.

N'oubliez pas que ce sont les femmes qui ont déclenché tous ces changements. En fait, c'est peut-être la première fois dans l'Histoire que les hommes se retrouvent dans la difficile position d'avoir à s'adapter. Ils ne s'y sentent guère à l'aise, ayant toujours été habitués à prendre l'initiative et à se charger de tout. Rares sont ceux qui abandonnent leurs privilèges sans rouspéter, même si les raisons de le faire sont excellentes.

Pour les hommes, les conséquences de devoir se départir du pouvoir ou, du moins, accepter de le partager sont énormes. En outre, tous ces bouleversements soulèvent des questions très profondes, dont on discute rarement, sur la dépendance fondamentale et largement *cachée* des hommes envers l'autre sexe. Leur manque d'enthousiasme face aux changements qui se sont produits au cours des dernières années est intimement lié à un besoin très ancien mais rarement avoué, à savoir la présence des femmes à leurs côtés.

Seul au Paradis terrestre

Imaginez Adam, le premier homme, seul au Paradis terrestre, et vous devinerez plus facilement la façon dont les hommes se sentent de nos jours. Dites-vous que si les femmes ont l'impression d'être *débordées* (tentant d'équilibrer vie privée et carrière et, si elles sont mariées, enfants, maison et tout le reste), les hommes, pour leur part, ressentent une *perte,* la perte des femmes.

En effet, celles-ci ne sont plus aussi disponibles qu'elles l'étaient auparavant. Et, devant cette absence des femmes, les hommes ne peuvent s'empêcher de se sentir trahis, abandonnés et profondément vulnérables. Mais les femmes ignorent pratiquement tout de ce qui se passe en eux, car ils prennent bien soin de ne jamais en parler.

Ainsi les femmes ont toujours pensé que les hommes avaient *moins* besoin d'elles qu'elles avaient besoin d'eux. Toutefois, le contraire est, en réalité, l'un des secrets masculins le mieux gardés. Malgré les apparences, les hommes sont beaucoup plus dépendants des femmes que ces dernières ne le croient. C'est sans doute ce dont elles doivent se rendre compte en premier.

Il faut ensuite qu'elles comprennent et acceptent que les hommes sont profondément différents d'elles pour des raisons à la fois biologiques et culturelles. Voulant percer le mystère des hommes, les femmes ont maintes et maintes fois présumé que ceux-ci ressentent les mêmes choses et réagissent de la même manière qu'elles. Et l'ère de l'égalité des sexes a encore davantage accentué cette tendance. En insistant sur les similitudes entre les deux sexes, on en est venu à considérer les différences comme une source de problèmes. Or, si les différences entre les sexes peuvent créer des problèmes, c'est seulement lorsqu'elles sont mal comprises. En fait, si l'on voit des similitudes là où elles n'existent pas, on arrive inévitablement à ce que j'appelle les « malentendus parfaits entre les deux sexes ».

Bien sûr, l'Adam moderne appréhende la révolution sexuelle avec un bagage émotionnel qui ressemble à celui des femmes, mais il n'est pas identique. La plupart des hommes ont peu de liens étroits, sauf avec leur maîtresse ou leur partenaire (et peut-être leurs enfants). Ils apprécient énormément que les femmes les soutiennent émotivement, mais ils ont beaucoup de difficulté à en faire autant. Et ils savent moins bien qu'elles exprimer leurs sentiments et sonder leur propre coeur.

La majorité des hommes *pensent, agissent* et *fantasment* sur le sexe, l'intimité, l'engagement et tout le reste, de manière très différente des femmes. C'est ce que nous verrons dans les pages qui suivent.

En règle générale, les hommes taisent leurs sentiments.

J'écris donc ce livre du rempart silencieux de la révolution sexuelle. Je ne crois pas révéler de secrets sacrés, car même si beaucoup d'hommes cachent leurs véritables sentiments au sujet des femmes, ils souhaitent vivement être compris. Mon but est de décrire de mon mieux leurs sentiments et leurs points de vue, tels que je les perçois en ce moment, dans la foulée de notre époque.

On peut considérer ce livre comme un communiqué du côté caché des hommes, un rapport intérimaire de l'arrière-garde masculine, qui est en pleine transition, en mutation. Il s'adresse d'abord aux femmes, pour les aider à mieux comprendre les hommes qu'elles aiment ou tentent d'aimer. Il s'adresse ensuite aux hommes, pour les aider à se comprendre eux-mêmes et comprendre le rôle qu'ils doivent jouer dans le nouvel équilibre entre les sexes.

Presque tous les hommes qui me consultent vivent une relation amoureuse ou souhaitent en vivre une. Ainsi, bien que ce livre concerne des changements et des différences, certaines choses demeurent inchangées, à savoir que les hommes ont besoin d'une relation intime avec une femme. Nous devons traverser ensemble cette période tourmentée où les règles du jeu et les attentes sont à redéfinir.

Nous vivons sans doute l'époque la plus difficile de l'histoire des relations entre les sexes et je ne crois pas que les choses se calment avant longtemps. Mais mes nombreuses années d'exercice comme psychologue m'ont appris que pour résoudre ses problèmes, il faut d'abord en saisir les données.

II

Au commencement

Il y a 25 ans, la plupart des femmes préparaient des petits déjeuners chauds et des sandwichs à emporter pour le midi. Elles s'occupaient aussi de la lessive, du ménage et des courses. Elles emmenaient les enfants à l'école, puis les conduisaient aux réunions de scouts et de jeannettes ou à leurs leçons de musique. Et à dix-sept heures, elles commençaient à préparer le souper pour leur mari qui rentrait du travail.

Leurs après-midi passaient à s'occuper des tout-petits, à faire des courses, à nettoyer la salle de bains, à cirer les planchers et, selon leur condition sociale, à faire du bénévolat ou à jouer au tennis avec leurs amies. Les garderies ne s'adressaient qu'à une clientèle défavorisée. Les femmes lisaient le docteur Spock ou des revues qui contenaient des conseils de couture, de décoration et de cuisine, ainsi que des petits trucs pour «plaire à leur mari».

Il y a 25 ans, les hommes rentraient à la maison après une dure journée de travail au bureau, à l'usine ou au magasin, embrassaient leur femme, prenaient un verre, lisaient le journal, dînaient, regardaient la télévision et jouaient peut-être un peu avec les enfants avant qu'ils aillent au lit. Ils lavaient la voiture, sortaient les ordures ménagères et tondaient la pelouse le samedi matin. Les week-ends, la famille sortait en promenade ou mangeait des grillades dans le jardin avec des amis.

Les soirs de semaine, tout le monde regardait *Papa a raison, Le Monde merveilleux de Disney* et les téléromans à la mode, qui présentaient, entre deux publicités de céréales, des images parfaites de la vie familiale. Ces émissions renforçaient les leçons déjà apprises des parents sur le comportement des garçons et des filles et les relations entre eux.

Les femmes servaient, soutenaient leur mari et leurs enfants et voyaient à ce que tout soit parfait à la maison. Les hommes régnaient et semblaient être responsables de tout, à la maison comme à l'extérieur.

Les femmes étaient réservées, tandis que les hommes étaient héroïques.

Les hommes gagnaient l'argent que les femmes dépensaient.

Pour les dépenses majeures, cependant, c'était toujours les hommes qui avaient le dernier mot. Ils s'occupaient de leurs déclarations de revenus et allouaient un certain montant à leur femme pour qu'elle s'occupe des besoins courants et des comptes. Quand le gérant de la banque ou le courtier d'assurance téléphonait, les femmes passaient automatiquement l'appel à leur mari.

Les femmes qui travaillaient occupaient presque exclusivement des postes d'institutrices, de vendeuses, d'infirmières, de secrétaires ou de bibliothécaires. Elles étaient sous les ordres d'hommes qui étaient médecins, gérants ou directeurs d'école.

Les femmes mariées qui avaient des enfants et n'étaient pas pauvres travaillaient rarement. Si elles travaillaient, elles occupaient le plus souvent des emplois à temps partiel et mal rémunérés, dont l'horaire était compatible avec leurs obligations d'épouse et de mère. Elles ne bénéficiaient généralement d'aucun avantage social ou plans de pension. C'était au chef de famille, l'homme, à s'occuper de tels besoins. Qu'elles travaillent ou non, le premier souci des femmes était leur famille : elles prenaient soin de leur mari et de leurs enfants et veillaient à la bonne marche du foyer. Seules les célibataires semblaient poursuivre des carrières dans quelques domaines féminins.

Il y a 25 ans, la plupart des gens se mariaient pour la vie. Ils se mariaient tôt et avaient tout de suite des enfants. En rentrant chez eux, les hommes trouvaient une maison propre, des repas chauds, des chemises amidonnées, des chaussettes appariées et des enfants bien lavés (qui en avaient assez de maman et attendaient papa avec impatience). Mais ils trouvaient surtout — et c'est là la clé du problème — une femme dévouée et attentive à leur moindre besoin domestique, émotif ou sexuel. Les maris qui trompaient leur femme le faisaient avec beaucoup de discrétion. Ils comptaient sur la fidélité de leur épouse et se sentaient rassurés par sa naïveté sexuelle.

On peut dire que les hommes avaient la vie facile à cette époque.

C'était le genre de vie que l'on menait il n'y a pas si longtemps. En fait, ce n'était peut-être pas *exactement* comme ça, mais c'est l'image qu'on voulait bien en donner. Et c'est ce dont nous nous souvenons.

Aujourd'hui, ces descriptions nous semblent terriblement démodées et certains y pensent même avec une pointe de nostalgie. Presque tous les détails de ce tableau domestique idéal sont désuets. Aux États-Unis, par exemple, moins de 7 p. 100 des foyers américains se composent d'un père qui travaille et d'une mère qui reste à la maison pour s'occuper de ses deux enfants. La situation a changé tellement radicalement qu'on pourrait croire que tous ces changements se sont réalisés en un siècle et non en 25 ans!

Hommes ou femmes, nous en sommes tous encore ébranlés, bien que ce soit pour des raisons différentes et mal synchronisées. La révolution dans les rôles sexuels ne s'est pas faite sans heurts, car les hommes et les femmes ne marchent plus du même pas. Contrairement à ce que l'on a tendance à croire, les deux sexes n'ont pas changé au même rythme. Ce sont les *femmes* qui ont changé. Et tout le reste, tout ce à quoi les hommes doivent faire face aujourd'hui, en est le résultat.

Voici comment les femmes voient les choses maintenant, à l'aube des années 90.

Les femmes emploient leur temps différemment.

Aujourd'hui, la grande majorité des femmes — mariées ou célibataires, jeunes ou vieilles, avec ou sans enfants — travaillent à l'extérieur. Cela a bouleversé à jamais la vie au foyer. Les femmes n'accordent plus la priorité aux mêmes choses. Si certaines d'entre elles se retrouvent à assumer la double responsabilité de femme au travail *et* de ménagère, il faut reconnaître que les tâches ménagères et l'éducation des enfants ne sont plus du seul ressort des femmes, ce qui entraîne d'âpres négociations entre les partenaires au sujet du partage de ces responsabilités. (Nous reparlerons plus loin de ces sujets troublants.)

Non seulement y a-t-il plus de femmes qui travaillent, mais elles occupent de plus en plus de postes autrefois réservés aux hommes. Plusieurs d'entre elles sont maintenant chefs d'entreprise. Mais l'égalité n'est pas pour demain. En moyenne, les femmes ne sont encore payées que 64 cents pour chaque dollar gagné par un homme. En outre, elles sont sous-représentées à la haute direction des entreprises et au gouvernement. Cependant, la tendance vers l'équité sur le marché du travail ne s'arrêtera vraisemblablement qu'une fois qu'elle aura été atteinte. En Californie, la Commission sur le statut de la femme prévoit que 10 p. 100 seulement des femmes n'auront *jamais* à travailler, et les statistiques montrent que déjà plus de la moitié de la main-d'oeuvre est féminine.

Les avantages personnels sont nombreux pour les femmes qui travaillent : elles sont plus indépendantes ; elles se sentent plus valorisées ; elles ont des défis à relever, une vie sociale plus active, plus de plaisir et de stimulation intellectuelle ; elles ont un sens d'appartenance et d'identité plus grand. Mais la plupart des femmes travaillent pour les mêmes raisons que les hommes, c'est-à-dire par nécessité économique et par besoin de sécurité.

Étant donné qu'il faut aujourd'hui deux revenus pour maintenir le niveau de vie que le salaire d'un homme pouvait assurer à sa famille dans le passé, le mariage n'est plus, pour les femmes, la bouée de sauvetage économique qu'il représentait autrefois. En effet, rares sont les femmes qui se marient dans l'espoir de ne plus travailler. D'autre part, comme un mariage sur deux se termine par un divorce, les femmes doivent pouvoir subvenir à leurs propres besoins et, très souvent, à ceux de leurs enfants. Les pensions alimentaires à vie sont chose du passé.

Si le mariage n'offre plus aux femmes la sécurité économique d'antan, il n'est pas non plus une nécessité absolue, car elles ont maintenant leurs propres sources de revenus. En fait, de plus en plus de femmes choisissent de rester célibataires, de le rester plus longtemps ou de le redevenir après un mariage malheureux. Je ne veux pas dire par là que la vie à deux ne présente plus aucun avantage économique, surtout quand les temps sont durs, mais simplement que les femmes ont maintenant une beaucoup plus grande marge de manoeuvre.

Quoi qu'il en soit, mariées ou non, on s'attend aujourd'hui que les femmes soient autonomes financièrement. Elles dépendent moins des hommes. Elles passent moins de temps à la maison et, lorsqu'elles y sont, elles font parfois du travail qu'elles ont apporté du bureau. (Un homme m'a même dit que sa femme avait installé une photocopieuse dans leur chambre à coucher.) N'est-ce pas une véritable révolution?

Les femmes se perçoivent différemment.

De nos jours, la perception qu'ont les femmes d'elles-mêmes est moins intimement liée à leur identité d'épouse et de mère, ou de *future* épouse et mère. Bien que ces rôles puissent encore être importants pour une femme, ils ne la définissent plus complètement, comme c'était le cas auparavant. Les femmes se sont libérées des anciennes restrictions qui leur dictaient leur façon d'être et de faire.

Si cette libération est très évidente chez les femmes de tous les âges, elle l'est encore plus chez les très jeunes femmes. Prenons le cas de ma propre fille de 23 ans. Pendant trois ans, Erica a quitté la sécurité de son milieu universitaire pour voyager d'abord en Allemagne, puis au Japon. Dans ces deux pays, elle a réussi à apprendre la langue, à travailler, à se faire des amis et à subvenir à ses besoins financiers et émotifs. À son retour, elle est retournée à l'université pour étudier en cinéma. Après avoir mis un comité universitaire sur pied, elle a réussi à obtenir des subventions de deux agences nationales. En ce moment, elle termine son premier documentaire de 30 minutes. Sa carrière la passionne, mais je pense qu'elle espère un jour se marier et avoir des enfants.

Je suis toujours émerveillé par son assurance et sa confiance en elle-même. Bien sûr, ces qualités seraient tout aussi impressionnantes chez un fils ou chez n'importe qui. Ma fille n'est peut-être pas banale, mais il existe des tas d'autres jeunes femmes comme elle. Et ces jeunes femmes sont *bien* dans leur peau. Elles ont confiance en leur avenir. Elles appuient le mouvement féministe, luttent pour les droits des femmes et n'hésitent pas à s'engager politiquement. Elles s'intéressent à une foule de choses et lisent aussi bien *F magazine* et *Vogue* que *Les Affaires*.

Les femmes n'attendent plus les mêmes choses de leurs relations intimes avec les hommes.

Les femmes souhaitent encore avoir des relations intimes avec les hommes. Cela n'a pas changé, malgré l'insistance du mouvement féministe sur l'autonomie totale. La plupart des femmes veulent encore se marier et avoir des enfants. Mais elles le feront vraisemblablement plus tard que les femmes des années 60.

Ce qui a vraiment changé, ce sont les attentes des femmes par rapport aux hommes !

De nos jours, les femmes veulent un partenaire avec qui partager également le pouvoir, les ressources financières et les responsabilités. Elles ne veulent plus se charger seules des tâches ménagères, de l'éducation des enfants et du soin de préserver la relation elle-même. Elles s'attendent, en plus, que les hommes désirent exactement la même chose. En fait, elles pensent que c'est ce que nous voulons ! Elles croient, par exemple, que nous pensons et nous comportons de manière très différente des hommes des générations précédentes. «Après tout, pensent-elles, comme nous avons changé et que le monde a changé, comment les hommes n'auraient-ils pas changé eux aussi !»

Les hommes ont changé, bien sûr, mais pas autant qu'on le croit. En réalité, ce malentendu parfait dans les relations amoureuses contemporaines est la grande faille qui divise les sexes et entraîne des sentiments de confusion et parfois même d'antagonisme chez les hommes comme chez les femmes.

Aujourd'hui, la plupart des hommes qui s'engagent dans une relation amoureuse se sentent coincés entre l'arbre et l'écorce. Si les femmes ont ni plus ni moins réussi à se donner une nouvelle identité, les hommes sont, pour leur part, pris entre les anciennes et les nouvelles définitions d'eux-mêmes et de leur rôle. Et il n'est pas clair qu'ils aient décidé de bien vouloir suivre le courant.

Pour se faire une idée de la façon dont les hommes voient les choses aujourd'hui, il faut retourner 25 ans en arrière.

À cette époque-là, la raison d'être des hommes était de *réussir* et ils savaient exactement ce qu'il fallait faire pour y arriver.

Les hommes étaient censés
- étudier,
- travailler (travailler et gagner de l'argent étaient les activités masculines par excellence),
- faire leur chemin (c'est-à-dire gagner *plus* d'argent),
- travailler sans relâche jusqu'à l'âge de 60 ou 70 ans et prendre leur retraite,
- être forts et déterminés (leur virilité se mesurait à leur invulnérabilité).

À un moment ou à un autre de cette vie de travail, les hommes étaient censés
- se marier et avoir des enfants (le foyer d'un homme était son refuge, et sa femme en était la gardienne).

Les hommes n'étaient pas censés
- faire le ménage,
- faire la lessive,
- changer les couches,
- préparer les repas,
- savoir réconforter les autres tout en demeurant autonomes,
- être vulnérables, sensibles et ouvertement affectueux,

- déménager parce que leur femme avait obtenu une promotion (elle ne travaillait même pas!).

Non seulement les hommes n'étaient-ils pas censés faire toutes ces choses, mais s'ils les faisaient, ils n'étaient pas des hommes!

Voyons maintenant la situation actuelle.

Aujourd'hui, les hommes doivent faire tout ce qu'ils n'étaient pas *censés* faire autrefois. De tels bouleversements ont été amenés non par les hommes mais par les femmes. Nos femmes, nos petites amies et même nos mères nous enjoignent d'entrer dans le courant, et tout de suite!

Aujourd'hui, les hommes sont censés

- partager le pouvoir (partager le pouvoir?),
- exprimer leurs sentiments (exprimer leurs sentiments?),
- partager leur place dans la vie de la femme qu'ils aiment avec son travail, ses amis et ses «activités personnelles»,
- appuyer avec enthousiasme ses aspirations professionnelles, ses talents, son désir de s'affirmer et d'être plus indépendante, ses succès (sans jamais se montrer condescendants, entrer en concurrence avec elle ou la terroriser),
- s'occuper des enfants,
- partager également et de bonne grâce les tâches ménagères.

Mais les hommes se sentent encore obligés de travailler, d'avoir du succès, de se marier et de demeurer le principal soutien de famille «si jamais il arrivait quelque chose». Ils croient devoir être forts, d'une force de macho. Malgré les apparences, on ne leur laisse pas vraiment le loisir d'exprimer leurs sentiments. Et les femmes leur envoient des signaux contradictoires. Dans un ouvrage intitulé *Some American Men*, Gloria Emerson résume très bien ce qui se passe aujourd'hui : «Tout en voulant, avec raison, que les hommes expriment leurs sentiments les plus secrets, qu'ils soient aimants, qu'ils s'occupent des enfants et qu'ils n'oublient jamais leur anniversaire, les femmes exigent encore qu'ils soient les héros qui viennent toujours à la rescousse et qui effraient les dragons qui surgissent la nuit.»

Il n'est pas étonnant que les hommes se sentent dépassés par tout ceci. Ils sont effectivement coincés entre deux mondes. On leur demande de s'adapter à un univers différent de celui dans lequel ils ont grandi, mais de continuer aussi à suivre certaines des anciennes règles. Ils ne sont pas sûrs de pouvoir à la fois changer et «réussir». Ils ne sont pas sûrs non plus que les femmes, qui ont maintenant moins besoin d'eux, ne les abandonneront pas.

Trois choses sont claires :

- La conception qu'ont les hommes de ce qu'implique «être un homme» est en pleine transition.
- Ils ont peur d'être en train de perdre les femmes, ou même de les avoir perdues.
- Ils occultent du mieux qu'ils peuvent les deux réalités décrites ci-dessus. Non seulement ils cachent leurs véritables sentiments aux femmes, mais encore ils se les cachent souvent à eux-mêmes.

Bon nombre d'hommes reconnaissent tout de même qu'ils tirent certains avantages de leur nouvelle situation. Ils ne sont plus seuls à porter les responsabilités et les inquiétudes financières. (C'est là un gros morceau!) Et avec les enfants, ils veulent éviter les erreurs de leurs propres pères. S'ils souhaitent conserver les côtés *posi-*

tifs des hommes qui les ont élevés, ils ne veulent plus, toutefois, être aussi distants, épuisés et peu disponibles. Ils n'ont pas envie non plus d'être «forts» tout le temps ou de laisser leur travail envahir leur vie. La plupart des hommes veulent plus que le seul succès professionnel.

Si tout ceci fait partie des relations égalitaires avec les femmes, tant mieux! De toute façon, comment pourraient-ils être contre le principe de l'égalité?

Intellectuellement, les hommes sont d'accord.

Sur le plan émotif, cependant, c'est une tout autre histoire.

Les hommes *disent* et *pensent* être d'accord avec les changements survenus dans la vie des femmes. Mais leurs véritables *sentiments* sont bien différents. Ce sont justement ces contradictions qui entraînent la confusion et le manque de communication entre les sexes.

IL DIT : Je ne m'attends pas qu'elle fasse tout à la maison. Ma mère le faisait parce qu'elle ne travaillait pas. Mais ce n'est plus la même chose pour la femme avec qui je vis.

MAIS IL PENSE : *Je suis fatigué le soir. Quand je rentre à la maison, j'ai besoin que quelqu'un soit là pour s'occuper de moi, m'aimer et me dorloter.*

IL DIT : Une relation égale! Mais oui, bien sûr!

MAIS IL PENSE : *Pourvu que je passe en premier!*

IL DIT : Je suis très heureux qu'elle ait obtenu cette promotion. Ce sera bien d'avoir un peu plus d'argent!

MAIS IL PENSE : *Merde! Dans un an, elle gagnera plus que moi. Je me demande si elle ne décidera pas de me quitter.*

IL DIT : Je sais qu'il est important que je sache l'appuyer. Elle a autant de responsabilités que moi, sinon davantage.

MAIS IL PENSE: *Est-ce vraiment ce que je veux? Deux vies séparées, manger au restaurant tout le temps, prendre rendez-vous pour se voir, toujours être à la course! Nous n'avons jamais le temps de passer des moments agréables, seuls tous les deux!*

IL DIT: Prendre toutes les décisions ensemble! Merveilleux!

MAIS IL PENSE: *Pourquoi faut-il une rencontre au sommet, un débat et une résolution finale à propos de tout et de rien?*

IL DIT: Retourner aux études, quelle bonne idée! Elle va tous les épater!

MAIS IL PENSE: *Elle a toujours été obnubilée par les hommes intelligents. Comment pourrai-je rivaliser avec ses professeurs? Se laissera-t-elle impressionner par leurs petits jeux? Faudra-t-il que je rampe à ses pieds?*

Même si ces sentiments demeurent cachés et inexprimés, les contradictions qu'ils sous-tendent éclatent inévitablement d'une façon ou d'une autre. C'est ce qui est en train de rendre les femmes complètement folles. Les hommes aussi!

Les hommes sont frustrés, confus, irrités et honteux de leurs sentiments contradictoires. Plus un homme montre une grande ouverture d'esprit, plus ses réactions l'embarrassent. Il se voit encourager sa partenaire à s'affirmer davantage devant son patron, ses amis ou les membres de sa famille, mais il se voit aussi s'offusquer dès qu'elle cherche à agir de même avec lui. Sa fermeté lui semble de l'entêtement; sa ténacité, de l'intransigeance; ses questions, des exigences. Il veut connaître son point de vue, mais il a horreur qu'elle le défende et gagne!

Le noeud devient de plus en plus emmêlé.

La plupart des hommes trouvent inconvenant d'exprimer *tout* sentiment qui laisse transparaître leur incertitude, leur vulnérabilité ou leur peine. (Comme je l'ai mentionné précédemment, cela ne fait pas partie du code de conduite masculin, qui tient toujours même s'il est moins rigide.) D'autre part, qu'ils soient très ouverts ou non, les hommes trouvent tout aussi déplacé, voire risqué de formuler des doutes quant au bien-fondé du mouvement de libération des femmes. C'est ainsi que leurs sentiments contradictoires s'empilent et entraînent chez eux des comportements tout à fait inconséquents. Et de la *colère,* qui est parfois contenue, parfois explosive!

Prenons l'exemple de Daniel, un dentiste de 40 ans:

«Ma femme a décidé de retourner à l'université à plein temps. Elle ne m'a pas consulté. Eh bien, je ne la vois pratiquement plus. Elle se lève à cinq heures quarante-cinq pour partir à six heures et demie. Et le pire, c'est qu'elle adore ça! Les enfants sont de mon côté et ma femme trouve cela comique!

Elle va à ses cours, rentre tard et se couche. Faire l'amour! Connais pas! C'est une chose du passé, un souvenir d'une vie antérieure! Ma vie est complètement bouleversée. Honnêtement, je suis peut-être un mâle chauvin qui s'ignore, mais je ne méritais pas ça. Pourquoi est-ce *moi* qui dois m'accommoder de tous les changements?»

Une colère comme celle de Daniel est une émotion socialement acceptable pour un mâle (l'une des seules, d'ailleurs). Elle exprime à la fois des sentiments refoulés d'abandon, de rejet, de tristesse, de désaccord et tout ce qui s'ensuit.

Les femmes finissent par voir seulement la colère, et rien de ce qu'elle cache. Bien souvent d'ailleurs, les hommes n'y voient pas plus clair qu'elles.

La généralité des hommes disent faire de grands efforts pour exprimer leurs sentiments, être plus sensibles et se montrer plus aimants. Ils veulent être de bons parents et préconisent une influence équilibrée des deux parents sur les enfants. Ils parlent avec fierté des réalisations de leur femme. Mais ils sentent aussi que leur partenaire entretient des attentes sans cesse plus nombreuses à leur égard et avouent avoir de la difficulté à l'accepter. Ils veulent réagir positivement aux changements qui s'opèrent autour d'eux, mais ils se demandent si, au bout de tout ça, ils y trouveront leur compte.

Nous nous trouvons donc à un tournant de l'histoire où les hommes et les femmes se rendent mutuellement responsables de leurs problèmes respectifs.

ELLE PENSE : *Si seulement il pouvait comprendre à quel point c'est difficile pour moi. Si seulement il pensait à m'aider sans que j'aie à le lui demander.*

IL PENSE : *Si seulement elle n'en attendait pas tant de moi.*

ELLE PENSE : *Si seulement il ne se mettait pas en colère chaque fois que je ne peux pas me libérer à deux secondes d'avis.*

IL PENSE : *Si seulement elle s'occupait un peu plus de moi au lieu de ne penser qu'aux autres.*

ELLE PENSE : *Si seulement il comprenait un peu ce qui se passe dans ma vie et ne choisissait pas les moments où je suis épuisée.*

IL PENSE : *Si seulement elle me montrait qu'elle a envie de faire l'amour au lieu de me donner l'impression qu'elle remplit une obligation.*

Chacun pense que c'est la faute de l'autre. Mais ni l'un ni l'autre n'est à blâmer. La responsabilité de régler ce problème leur incombe à tous les deux, mais il découle d'un phénomène qui déborde largement du cadre de leur relation amoureuse.

Les hommes doivent comprendre que les femmes s'imaginent qu'ils ont changé et qu'elles ignorent ce qu'ils éprouvent. Pour leur part, les femmes doivent se rendre compte que la colère des hommes peut dissimuler des tas de sentiments contradictoires. Ceux-ci ne cherchent pas à les duper volontairement : ils n'ont tout simplement pas conscience de l'ampleur de leur ambivalence. C'est donc d'une position stratégique, celle des sentiments confus et embrouillés, que nous examinerons les subtilités des relations amoureuses contemporaines.

III

L'amour moderne: Le sexe et autres splendeurs

Toute révolution comporte certains plaisirs. Il n'y a pas que des épreuves et des luttes. Ainsi, la révolution dans les *rôles sexuels* s'est accompagnée d'une révolution *sexuelle*. (Pourtant il s'agissait de deux révolutions distinctes, bien qu'elles aient été étroitement reliées.) Les relations amoureuses entre les deux sexes ont changé de façon aussi spectaculaire que les relations sociales en général. Nous avons assisté à un éclatement sur tous les fronts.

Bien sûr, tant pour les hommes que pour les femmes, le sexe a conservé son caractère mystérieux. C'est encore un sujet explosif devant lequel nous demeurons très vulnérables. (Sur le plan émotif, le sexe nous semble parfois un champ de mines où il faut s'avancer avec prudence, surtout si l'on est sans attache.) Mais dans la mesure où l'on peut connaître le sexe, nous avons fait d'énormes progrès vers une plus grande ouverture et une meilleure compréhension du sujet. Le voile a été en grande partie levé.

De tous les changements opérés par les femmes (oui, ici encore, ce sont les femmes qui ont mené le bal), c'est sans contredit celui qui a fait le plus plaisir aux hommes. À ce sujet, il n'y a pas de divergence entre ce qu'ils pensent et ce qu'ils ressentent. Mis à part quelques conformistes endurcis, les hommes sont ravis de ce qui s'est produit. Ils n'ont certainement aucune envie de retourner au bon vieux temps.

L'autre révolution

Vous rappelez-vous ce qu'était la « bonne fille » ?

Au cas où vous ne vous en souviendriez pas ou si vous êtes trop jeune pour avoir connu les années 50 (ou même le début des années 60), une bonne fille ne faisait pas l'amour avec un garçon avant de se marier ou, du moins, avant d'être fiancée. Les bonnes filles ne couchaient pas avec leurs amoureux du moment et, si elles le faisaient, elles ne l'avouaient jamais.

Dans ce temps-là, qui n'est pas si reculé, les moeurs des jeunes filles et des femmes dictaient la progression de l'intimité sexuelle selon un calendrier rigoureusement établi. Il existait des règles très strictes au sujet des baisers, des attouchements et de l'étape finale: « aller jusqu'au bout ». Un certain nombre de femmes, y compris ma propre épouse, m'ont éclairé à ce sujet.

Au premier rendez-vous, une bonne fille permettait au garçon de lui prendre la main et de mettre son bras autour de ses épaules si elle l'aimait bien. Si elle l'aimait *vraiment* beaucoup, elle allait parfois jusqu'à se laisser embrasser mais très superficiellement. En allant jusque-là, cependant, elle craignait toujours de passer pour une fille « facile ». En fait, la question du baiser au premier rendez-vous faisait l'objet d'interminables discussions des jeunes filles entre les cours et dans les dortoirs des couvents.

En règle générale, il y avait autant d'arguments en faveur du «baiser lors du premier rendez-vous» qu'il y en avait contre, si bien que la question demeurait toujours en suspens. Chaque jeune fille devait décider elle-même de la conduite à adopter, ce qui lui causait beaucoup de maux de tête. La majorité d'entre elles trouvaient qu'il était convenable de donner un baiser entre le deuxième et le quatrième rendez-vous, dans la mesure où ce n'était pas un *French kiss*. (Au cas où vous l'auriez oublié, un *French kiss* était un baiser à bouche ouverte où les langues se touchaient.) Ce genre de baiser était réservé à une étape beaucoup plus tardive des fréquentations. Cependant, si l'on était catholique ou très prude, on l'oubliait, au moins jusqu'au mariage!

Un autre sujet chaudement débattu était «*ce* qu'un garçon avait le droit de toucher et *quand*». Mais revenons à notre calendrier. Après avoir laissé un garçon lui prendre la main et passer son bras autour de son épaule, une jeune fille devait décider s'il pouvait approcher sa main de son sein. Certaines mains ne se rendaient pas très loin. D'autres réussissaient cet exploit, mais on pensait alors que l'on faisait un cadeau très spécial à un garçon qu'on aimait beaucoup. Pour la jeune fille des années 50, il y avait aussi la question des «couches» protectrices. Permettait-elle à son petit ami de toucher ses seins (a) par-dessus son pull, (b) sous le pull mais par-dessus son soutien-gorge ou — cela devenait très sérieux — (c) sous son soutien-gorge?

La plupart des «bonnes filles» allaient jusqu'aux attouchements passionnés et aux *French kiss*, sans toutefois «aller jusqu'au bout», seulement après qu'un garçon leur eut demandé de sortir régulièrement avec lui. Et avant d'accepter d'aller si loin, la jeune fille exigeait souvent une marque tangible de son engagement, comme la bague de son collège ou le chandail de son école.

Après tout, permettre de telles libertés sans s'assurer du sérieux de leur relation pourrait amener le garçon à se vanter en public de ses «exploits». Elle pouvait perdre sa réputation, chose que toute fille craignait à l'époque! En effet, toutes les bonnes filles croyaient qu'une fille facile était méprisable. Passer pour une fille *facile* était une calamité. Seuls les garçons pouvaient se permettre de jouer les mauvais *garçons*!

Quant à «aller jusqu'au bout», les jeunes filles attendaient en général leur nuit de noces. Mais il y en avait pour qui une promesse de mariage et une bague de fiançailles étaient suffisantes. Et pour presque toutes, la condition préalable pour faire l'amour était d'être «totalement et complètement *en amour* avec lui». Les jeunes femmes de l'époque jugeaient que «coucher» avec un homme équivalait à s'engager à l'épouser. L'un n'allait pas sans l'autre.

À cette époque-là, il était très important d'être vierge ou de faire *croire* qu'on l'était.

Quant au rituel qui réglait les fréquentations, qu'on soit une bonne ou une mauvaise fille (aucun intermédiaire n'était possible), le garçon faisait toujours les premiers pas. (Et il payait toujours.) Une jeune femme n'aurait jamais osé inviter un jeune homme, sauf en de *très* rares circonstances. (Qu'une femme plus âgée invite un jeune homme à sortir ou sorte avec lui à quelque titre que ce soit était inconcevable!)

Il y a 25 ans, une fille n'invitait un garçon que si son école organisait une soirée des dames. Cela se produisait rarement plus d'une fois dans l'année. À l'université, une fille pouvait inviter un garçon à une danse parrainée par son club ou sa résidence. Il était également acceptable d'inviter un garçon à un bal de fin d'année ou à une activité spéciale de son école, pourvu que ce dernier fréquente une autre institution. S'il étudiait à la même école, elle attendait son invitation.

Ces situations mises à part, une jeune étudiante n'invitait jamais un homme à faire quoi que ce soit. Une fois ses études terminées, une femme invitait très rarement un homme à l'accompagner, sauf peut-être à une danse organisée par sa paroisse. En règle générale, les femmes attendaient patiemment qu'on les invite. Dans certains cas, elles attendaient qu'on les remarque. Elles attendaient à la maison, à une soirée et, plus rarement, dans un bar.

Pour les femmes célibataires et les hommes célibataires qui sortaient avec elles, c'était la seule façon correcte d'agir. Les femmes (enfin, plusieurs d'entre elles) ne faisaient pas l'amour avant le mariage. Elles ne proposaient pas de sorties. Elles ne s'attendaient jamais à payer quoi que ce soit. Assurément, elles

- n'invitaient pas un homme au restaurant ;
- n'envoyaient pas de fleurs à un homme ;
- ne sortaient pas seules dans un bar, un restaurant ou un club pour rencontrer des hommes ;
- n'invitaient pas un homme à passer la nuit avec elles ;
- ne s'attendaient pas à vivre avec un homme avant le mariage ;
- ne s'attendaient pas à prendre de décisions concernant la grossesse ;
- ne s'attendaient pas à trouver un moyen de contraception ;
- ne s'attendaient pas à avoir plusieurs partenaires sexuels ;
- ne s'attendaient pas à rester célibataires après un certain âge. (À 25 ans, une femme commençait à paniquer et à craindre de rester «vieille fille». Aucune femme ne pouvait imaginer vivre seule et rester célibataire sans être malheureuse.)

Il y a 25 ans, célibataires *ou* mariées, les femmes

- ne faisaient pas d'avances sexuelles ;
- ne connaissaient pas grand-chose au sexe ;
- ne s'attendaient pas à avoir d'orgasme ;
- ne prévoyaient jamais divorcer.

De retour aux années 80

Aujourd'hui, 25 ans plus tard, les femmes font toutes ces choses — avant, pendant et *après* le mariage — sans se soucier du qu'en-dira-t-on. Elles sont beaucoup plus ouvertes au sujet de leur sexualité.

Rares sont les femmes qui restent vierges jusqu'au mariage ou en dehors du mariage. Être une bonne ou une mauvaise fille n'a plus beaucoup d'importance (sauf pour celles qui ont des convictions religieuses strictes).

Dans une relation sexuelle, les femmes recherchent *aussi* du plaisir. Elles n'ont plus la notion que c'est un devoir, pas plus qu'elles ne prétendent n'y prendre aucun plaisir. Et elles ne craignent plus les grossesses non désirées.

L'orgasme masculin n'est plus le couronnement de toute relation sexuelle. Chaque partenaire a droit au plaisir.

Les femmes font des avances sexuelles à leurs partenaires.

Elles proposent de nouvelles façons de faire l'amour.

Voilà les nouvelles données qui régissent les relations sexuelles d'aujourd'hui. L'homme n'est plus celui qui définit ce qu'il veut, ce dont il a besoin et ce qu'il attend d'une femme. Cette dernière a aussi des désirs, des besoins et des attentes. Ainsi, la nouvelle notion du partage des responsabilités s'étend à une autre dimension des relations entre les deux sexes : la vie amoureuse. Les femmes ne sont plus au service des hommes et ces derniers ne décident plus de tout.

La femme d'aujourd'hui

Examinons tous ces changements plus en détail, en commençant par le *sexe avant le mariage.*

À bien y penser, cette expression est totalement démodée, voire désuète. Elle évoque la désapprobation d'une époque passée. Comme la télévision en noir et blanc, elle traîne dans le décor, mais on l'utilise rarement. D'ailleurs, elle ne se rattache plus à la réalité.

De nos jours, pour les femmes seules, qu'elles aient ou non été mariées, le sexe fait généralement partie des relations saines et normales qu'elles entretiennent avec un homme. Leur éducation, leurs convictions religieuses et leur expérience de la vie influencent, bien sûr, leur attitude à cet égard. Il y a bien quelques rares femmes qui se gardent encore «intactes» pour le mariage. (Je me hasarde même à dire que cette idée ferait sourire un bon nombre de jeunes femmes d'aujourd'hui.) Mais la grande majorité des femmes trouvent qu'avoir des relations sexuelles avant le mariage est un comportement tout à fait normal, et même une chose que l'on attend d'elles.

Les jeunes femmes me disent que les hommes voient d'un mauvais oeil qu'elles n'aient aucune expérience sexuelle. Une jeune fille m'a avoué qu'elle était encore vierge à la fin du secondaire et que «c'était vraiment très embarrassant». Les femmes jeunes, particulièrement les étudiantes, me disent aussi: «Aussitôt qu'on accepte de sortir avec un homme, il s'attend qu'on couche avec lui.» Certaines d'entre elles choisissent de s'abstenir de toute fréquentation. Mais un nombre grandissant de femmes de plus en plus jeunes choisissent d'avoir des relations sexuelles avec leurs copains, malgré tous les nouveaux problèmes que cela peut entraîner. Et des femmes libres dans la vingtaine ou la trentaine ont parfois plusieurs amants, comme les hommes l'ont toujours fait. Ce n'est peut-être pas la règle, mais ce n'est plus l'exception.

La contraception n'étant plus un sujet tabou et les contraceptifs étant faciles à obtenir, la plupart des femmes peuvent vivre leur sexualité en toute liberté. Si elles le veulent, elles peuvent faire l'amour sans jamais craindre de devenir enceintes. Contrairement aux femmes des années 50 qui rejetaient le fardeau de la contraception sur les hommes (de sorte qu'ils traînaient toujours un condom dans leur portefeuille jusqu'à ce qu'il se désintègre et soit remplacé par un autre), la femme des années 80 assume la responsabilité de se protéger contre une grossesse non désirée. Aujourd'hui, un homme doit passer un examen. S'il ne demande pas à sa partenaire quel genre de précautions elle prend pour éviter de devenir enceinte, il passe pour un mufle. S'il lui pose la question, elle se dit spontanément : « Il se soucie de moi et de *nous.* » La plupart des hommes ne savent pas que cet « examen » existe. Et ils essuient un échec.

Contrairement à leurs mères, les femmes d'aujourd'hui n'attendent plus, ou du moins pas tout le temps, que leur mari ou leur amant prenne l'initiative en matière sexuelle. Elles se sentent à l'aise et n'hésitent pas à faire les premiers pas. De plus en plus de femmes considèrent le sexe comme une expression naturelle de l'affection que deux personnes éprouvent l'une pour l'autre, même très tôt dans une relation. Et un nombre sans cesse accru de femmes *mariées* ont des partenaires sexuels autres que leur mari. Si le « mariage ouvert » n'est plus aussi courant que dans les années 60, l'infidélité demeure un sujet controversé, sauf qu'aujourd'hui, il concerne les femmes aussi bien que les hommes.

Qu'elles soient célibataires ou mariées, les femmes possèdent des connaissances beaucoup plus vastes qu'autrefois de leur sexualité. L'amour physique est maintenant une priorité dans leur vie privée. Elles y mettent de la variété, du ludisme et de la nouveauté. Ce sont souvent elles qui loueront un film érotique pour une soirée toute particulière. Pour elles, le sexe n'est plus une obligation (ou très rarement), mais une occasion de plaisir qu'elles veulent partager avec leur partenaire. Et cette nouvelle attitude de leur part a profondément modifié les relations amoureuses.

Mais à part la grande libéralisation des relations sexuelles, quels ont été les changements dans les *fréquentations*?

Eh bien, si la question du « sexe avant le mariage » ne soulève plus aucune controverse, on continue encore, à la fin des années 80, à se soucier des « fréquentations », c'est-à-dire de toutes ces activités reliées aux « sorties » avec un membre de l'autre sexe. Mais bien que le mot demeure le même, les règles du jeu ont changé. Elles sont d'ailleurs toujours en mutation. De nos jours, une « sortie » ne ressemble guère à l'idée qu'on s'en faisait il y a quelques années.

Il n'est plus rare qu'une femme invite un homme à sortir avec elle. Elle le fera d'autant plus facilement si elle est jeune et très sûre d'elle-même. En réalité, plus une femme est bien dans sa peau, moins elle hésite à le faire. Et il n'est plus rare non plus qu'une femme paie sa part. Il y a 25 ans, les femmes ne payaient jamais pour quoi que ce soit, sauf en de très rares circonstances. Aujourd'hui, il est tacitement admis, particulièrement chez les femmes qui travaillent (et un peu moins chez les étudiantes), que « si l'on invite, on paie » ou, du moins, on partage les frais.

Les femmes ont leurs propres cartes de crédit et elles n'hésitent pas à les utiliser. En règle générale, elles tentent d'anticiper comment l'homme qu'elles fréquentent envisage le partage des frais et elles agissent en conséquence, afin d'éviter de l'indisposer ou de l'offenser. Les premières sorties sont particulièrement délicates. Puis, à mesure qu'un couple se connaît mieux, il devient plus facile de déterminer qui paie quoi selon les ressources financières de chacun.

Certaines femmes préfèrent inviter et payer, peu importe leur situation financière, car elles jugent que cela leur laisse une plus grande liberté d'action, particulièrement en ce qui concerne la dimension sexuelle de la relation. Voici ce que m'a confié Catherine, une étudiante diplômée de 27 ans :

> « Quand j'invite un homme à voir une pièce de théâtre, par exemple, et que je paie pour lui ou qu'on partage, je ne me sens pas aussi obligée de coucher avec lui que s'il avait dépensé 100 $ pour le dîner et les billets de théâtre. Je peux accepter ou refuser sans me sentir coupable. »

En observant cette jeune femme évoluer dans les méandres que créent les inconnus de ces nouvelles règles du jeu, je sais qu'il y en a beaucoup d'autres, des femmes de tous les âges, qui, comme elle, établissent leurs propres balises dans les sables mouvants de l'amour moderne. Les hommes aussi explorent de nouvelles avenues, mais ils passent souvent par des chemins différents.

Le point de vue masculin

En ce qui concerne les fréquentations, la plupart des hommes se disent heureux de ce nouvel équilibre, et j'ai l'impression qu'ils sont réellement sincères en disant cela. Ils apprécient la réciprocité et aiment bien qu'on les invite et même qu'on les poursuive à l'occasion. Ils trouvent que les choses sont devenues beaucoup plus faciles pour eux et qu'il est bien commode qu'*elle* les appelle, au lieu de toujours attendre qu'ils fassent les premiers pas. Ils éprouvent même une certaine satisfaction à l'idée qu'*elle* fasse l'expérience de l'angoisse qu'ils ont toujours connue devant le combiné, au moment de l'inviter pour une première sortie.

Les jeunes étudiants trouvent tout à fait naturel qu'on les invite à sortir, puisqu'ils n'ont jamais rien connu d'autre. Pour les hommes dans la trentaine et la quarantaine, qu'une femme les aborde à une soirée, leur téléphone et les invite à déjeuner demeure encore quelque peu déconcertant. Plusieurs d'entre eux se troublent quand une jolie femme leur demande leur numéro de téléphone et ils répondent le plus souvent en tendant leur carte de visite. Cela leur semble la seule chose possible!

Mais d'autres hommes, particulièrement ceux qui ont 40 ans et plus, *disent* apprécier ces changements, tout en *pensant* le contraire. Comme ils aiment prendre l'initiative et jouer au séducteur, des appels trop fréquents de la part d'une femme les indisposent. Et s'ils jugent une femme trop entreprenante à leur goût, ils diront volontiers qu'elle est «agressive» et «peu féminine». Ces hommes ont encore besoin de l'ancien rapport de force et se désintéresseront d'une femme trop persistante.

Les hommes sont moins ambivalents pour ce qui est de l'argent. Les célibataires reconnaissent qu'il est juste qu'elle partage les frais, puisque, dans la plupart des cas, elle travaille et gagne même un salaire plus élevé que le leur. Les couples — mariés ou non — discutent beaucoup plus ouvertement d'argent que leurs parents ne le faisaient. Lorsqu'ils planifient un voyage ou des vacances, par exemple, ils établissent clairement la répartition des frais.

Mais il y a encore des hommes, particulièrement dans la quarantaine et la cinquantaine, qui pensent qu'il leur revient de payer la note. D'autres disent s'attendre qu'une femme soit disposée à payer sa part, même s'ils refusent qu'elle le fasse. Pour eux, c'est une question de principe plutôt que d'argent.

Une femme doit faire preuve de beaucoup de doigté pour s'y retrouver. Certains hommes apprécient qu'on les appelle, d'autres pas. Certains s'attendent qu'elles partagent les frais, mais d'autres en sont offusqués. En réalité, je ne pense pas que les hommes cherchent délibérément à être difficiles. Comme je l'ai dit, ils sont généralement heureux de l'évolution des moeurs, mais l'effondrement des modèles traditionnels leur cause bien des inquiétudes.

On trouve la même confusion dans les nouveaux rapports amoureux. Les hommes ne savent pas toujours sur quel pied danser, mais rares sont ceux qui ne puissent pas se dire heureux que les anciennes barrières sexuelles soient tombées.

De nos jours, les hommes (même les plus jeunes qui fréquentent des filles du secondaire) présument d'emblée que leur amie ne sera pas vierge. Cela n'a d'ailleurs plus rien de péjoratif. Ils tiennent pour acquis que, tôt ou tard, le sexe a fait partie de leurs fréquentations. À notre époque, il est peu probable qu'un homme se marie pour acquérir une partenaire sexuelle stable. (Mais croyez-le ou non, c'était souvent le cas dans le passé!)

Bien entendu, il y a certains hommes, peut-être un peu grisonnants, qui n'ont rien vu de la révolution sexuelle, car ils ont toujours vécu heureux dans le cadre d'un mariage traditionnel. Et lorsqu'il leur arrive, pour une raison ou une autre, de redevenir célibataires, ils se sentent totalement dépassés. La liberté sexuelle qui existe aujourd'hui les déconcerte totalement. Ils doutent de leur virilité ou se lancent dans une activité sexuelle frénétique. Mais au bout d'un certain temps, plusieurs d'entre eux finissent par retrouver un certain équilibre et par très bien s'accommoder des moeurs actuelles.

Les hommes de tous âges ont besoin de « séduire ». (Nous en reparlerons plus tard.) Et certains se vantent encore de leurs prouesses. Mais comme la plupart des hommes et des femmes d'aujourd'hui sont sexuellement actifs, les conversations de ce genre ont perdu beaucoup de leur piquant. Après l'adolescence, il est rare qu'on qualifie une femme sexuellement active de « facile ».

Mariés ou non, la plupart des hommes apprécient le fait de ne plus assumer seuls la responsabilité d'initier et de faire varier leurs rapports amoureux. Cela est vrai non seulement dans le cas d'une relation bien établie, mais dès les premières rencontres. Si un homme éprouve une attirance sexuelle pour une femme, il réagira positivement à ses avances et à ses propositions. Celles-ci lui vaudront un sourire complice plutôt qu'un regard désapprobateur. Il sera ravi, par exemple, qu'elle l'invite à passer un week-end en tête à tête.

Mais il y a encore des hommes qui se sentent mal à l'aise dans de telles situations, surtout s'ils sont mariés depuis longtemps. En règle générale, ce sont des hommes qui sont eux-mêmes sexuellement inhibés ou qui ont besoin de dominer, surtout sur le plan sexuel. Ils veulent encore être ceux qui décident de la fréquence et du déroulement de l'amour. Mais c'est l'exception. Et les hommes et les femmes qui en sont à leur deuxième mariage vivent généralement une relation sexuelle beaucoup plus satisfaisante, car ils ne portent plus, comme dans leur premier mariage, le fardeau des vieux préjugés sur la passivité sexuelle des femmes.

Mais de crainte que ma description ne paraisse trop parfaite pour être vraie, j'ajouterai qu'il persiste au sein de plusieurs mariages des controverses au sujet de la fidélité conjugale — celle des femmes, bien sûr. L'activité sexuelle des femmes en dehors du mariage provoque une réaction fortement négative chez beaucoup d'hommes mariés. En ce qui concerne l'infidélité, les hommes ont encore deux poids et deux mesures. Même les femmes ont tendance à porter des jugements plus sévères sur l'infidélité de leurs congénères que sur celle des hommes.

Quand il s'agit de leur propre conduite, les hommes montrent davantage de souplesse; ils l'ont d'ailleurs toujours montré. Leurs écarts de conduite n'ont aucune importance, mais ils quitteront sans hésiter une épouse qui « s'amuse ailleurs ». Cela découle sans doute de la notion que la sexualité chez les femmes est toujours intimement reliée à l'amour et qu'il a toujours été humiliant d'être un homme trompé, un homme qui a des cornes!

Enfin, j'aimerais démentir la rumeur selon laquelle la nouvelle assurance des femmes sur le plan sexuel ait déclenché une épidémie d'impuissance sexuelle. Bien entendu, toutes ces questions de pouvoir et de domination ont un effet sur les relations entre les hommes et les femmes, tout comme elles ont un effet sur les relations entre hommes. Au début, un homme peut se sentir angoissé devant une femme qui a beaucoup d'expérience et même plus d'expérience que lui sur le plan sexuel. (« Elle a connu d'autres hommes probablement meilleurs que moi! ») Mais je ne crois pas que cela entraîne plus de problèmes d'impuissance sexuelle chez les hommes, même chez les hommes plus âgés. En réalité, c'est que l'on parle beaucoup plus ouvertement qu'autrefois de l'impuissance et d'autres problèmes sexuels.

Les relations exclusives

Revenons aux années 80 et voyons un peu comment les choses se passent.

Il y a quelques années, les fréquentations constituaient en quelque sorte le premier acte d'une pièce en trois actes, où le rideau tombait sur un mariage. À moins d'être une « vieille fille » ou un « célibataire endurci », tout le monde se pliait à ce scénario bien connu. Les femmes avaient 18 ou 19 ans (21 ou 22 ans si elles poursuivaient des études) et les hommes, quelques années de plus.

De nos jours, les fréquentations constituent toujours le premier acte, mais tout le reste est improvisé. En fait, il est apparu une foule de nouvelles possibilités, comme vivre ensemble. Certains couples en font leur dernier acte et ne se rendent jamais jusqu'au mariage.

Cela se passe à peu près comme ceci :
Vous sortez ensemble régulièrement, mais pas exclusivement. (C'est la recherche du partenaire idéal.)
Vous avez une relation exclusive. (C'est un examen.)

Vous décidez de vivre ensemble. Voilà que les événements se compliquent. De deux choses l'une : vous vous engagez à être ensemble pendant un certain temps, mais pas pour toujours, ou vous vous engagez à être ensemble pour la vie (mais que veut dire aujourd'hui « être ensemble pour la vie » ?) (Un autre examen.)

Vous décidez de vous marier. Malgré les statistiques sur le nombre des divorces, les gens se marient encore pour toujours. Et ils le font encore très souvent. Se fréquenter avant de vivre ensemble ou avant de se marier laisse à chacun des partenaires la possibilité de faire marche arrière et de recommencer avec quelqu'un d'autre.

Essentiellement, ces changements ont fait une plus grande place à ce qu'on peut appeler une vie normale en dehors du mariage. Aujourd'hui, le mariage est encore loin d'être une institution anachronique, mais les solutions de rechange se sont multipliées, tant pour les hommes que pour les femmes.

Les femmes et le mariage

Il n'y a pas si longtemps, seules des femmes très originales considéraient le mariage comme une possibilité parmi tant d'autres. Et seules les plus bohèmes auraient osé vivre ouvertement avec un amant. On ne voyait jamais de femmes songer à retarder leur mariage pour entreprendre une carrière, sauf peut-être les actrices de cinéma. Même ces dernières ne renonçaient pas complètement à se marier.

De nos jours, une femme peut choisir en toute liberté de demeurer célibataire aussi longtemps qu'il lui plaît, même pour la vie, bien que la plupart finissent encore par se marier. Certaines des femmes les plus célèbres en Amérique choisissent de vivre seules. Pensons, par exemple, à Katherine Hepburn, à Gloria Steinem et, plus près de nous, à Diane Dufresne. Elles sont devenues des modèles pour une foule de jeunes célibataires. En fait, de plus en plus de femmes attendent la fin de la vingtaine avant de commencer à songer au mariage. La plupart du temps, le désir de se bâtir d'abord une carrière solide motive leur décision.

Pendant cette période, une femme choisit souvent de vivre avec un homme. Vivre ensemble remplace de bien des façons un premier mariage. C'est presque devenu la norme.

Brigitte, une secrétaire de direction de 32 ans, m'a confié : « Je pense que les hommes s'attendent qu'on ait vécu avec quelqu'un *avant* eux. Ils préfèrent sortir avec une femme qui a un peu d'expérience. »

Quoi qu'il en soit, après une période de célibat plus longue que celle de leurs mères, la majorité des femmes veulent une relation amoureuse stable avec un homme qu'elles espèrent un jour épouser. Elles vivent peut-être avec lui, mais elles veulent au bout du compte vivre mariées avec lui.

Les femmes commencent à vouloir se marier et fonder une famille vers l'âge de 30 ans. Les hommes y songent à peu près au même moment, mais ils sont moins pressés de le faire, car ils n'ont pas les mêmes contraintes que les femmes. La première est biologique et fixe : l'âge d'avoir des enfants. La deuxième, qui est sociale et moins rigide, concerne le nombre de plus en plus restreint d'hommes disponibles à mesure que les femmes vieillissent. Examinons certaines statistiques :

- Probabilités qu'une universitaire de 25 ans se marie : 1 sur 2.
- Probabilités qu'une universitaire de 35 ans se marie : 1 sur 18.

Cette réalité entraîne des comportements jusqu'ici inimaginables : les femmes sortent avec des hommes plus jeunes qu'elles, elles sont de plus en plus nombreuses à fréquenter des hommes mariés et à décider d'élever leurs enfants seules.

Le problème du nombre n'est pas une limite naturelle comme l'âge d'avoir des enfants. La pénurie de candidats au mariage pour les femmes de plus de 30 ans reflète plutôt une inégalité dans la perception qu'ont les gens de la maturité par rapport au sexe. Les qualités qui *augmentent* les chances d'un homme *diminuent* celles d'une femme. Les hommes plus âgés, plus riches, plus intelligents, plus puissants et plus séduisants ont un *grand* nombre de femmes parmi lesquelles choisir. Cependant, les femmes qui deviennent plus riches, plus brillantes et plus puissantes avec le temps rencontrent de moins en moins de partenaires potentiels. Seule la beauté d'une femme semble avoir un effet positif sur ses chances d'être désirée.

Mais, comme nous en avons tous conscience, même la plus grande beauté se flétrit avec l'âge. Ainsi, on dira d'un homme qu'il a un visage buriné, mais on dira d'une femme que son visage se ride. Les cheveux gris donnent une allure plus distinguée à un homme, mais ternissent l'éclat d'une femme. Dans notre société, on juge encore les femmes d'après leur beauté, une beauté généralement fondée sur leur jeunesse. Les mentalités changent à cet égard mais très lentement. Entre-temps, les femmes plus âgées et plus accomplies se voient mises de côté pour «des modèles plus récents».

À mesure que le temps passe, les femmes de 30, 40 ou 50 ans ont de plus en plus de difficulté à trouver la relation stable à laquelle elles aspirent. En outre, les probabilités de rencontrer un homme qui partage leur désir d'une relation «égalitaire» s'amenuisent d'autant. D'une part, les femmes sont contentes de retarder le mariage; d'autre part, comme les mentalités n'ont pas totalement changé, ce décalage comporte certains risques *pour celles* qui veulent vraiment *se marier.*

De nos jours, les femmes doivent donc naviguer prudemment entre le célibat et le mariage si elles veulent éviter les écueils. Sachant qu'un mariage sur deux se termine par un divorce, elles ne s'attendent plus que tous leurs besoins financiers et émotifs soient satisfaits à jamais du seul fait de se marier. Les célibataires d'aujourd'hui hésitent à imiter leurs mères et à consacrer toute leur vie à rechercher l'homme idéal à l'exclusion de tout le reste.

Les hommes et le mariage

Non seulement la grande majorité des hommes veulent se marier, mais aussi ils veulent que leur mariage dure toujours. (Ceci est vrai même des hommes qui se sont mariés une première fois.)

Toutefois, ils se disent très heureux que les pressions sociales ne les forcent plus à le faire aussi jeunes qu'auparavant. Ils admettent qu'ils apprécient beaucoup être avec des femmes qui ne se préoccupent plus autant de savoir «où leur relation va les mener». En fait, la plupart d'entre eux n'ont aucune intention de se marier tôt. Ils aiment jouer sur plusieurs tableaux et ne pensent pas que vivre avec une femme constitue un engagement officiel et encore moins une demande en mariage. Par ailleurs, la notion qu'il faille se marier pour avoir une relation sexuelle stable leur semble tout à fait risible.

Pourtant, les hommes se méfient du libéralisme des femmes à l'égard de ces nouveaux arrangements. Ils s'interrogent sur la sincérité de leurs propos et craignent que leur ouverture d'esprit et leur indépendance financière ne dissimulent un désir de revenir à un mode de vie plus traditionnel. Ils discuteront entre eux du cas de leur copain dont la femme gagnait 30 000 $ par année, mais qui, aussitôt mariée, lui a déclaré qu'elle n'avait pas l'intention de travailler «toute sa vie».

Les hommes ont très peur des conséquences financières du mariage. Même s'ils exigent des arrangements financiers parfaitement clairs dans leur contrat de mariage, ils se demandent néanmoins s'ils seraient vraiment protégés dans l'éventualité d'une séparation. Ils ont tous un ami qui s'est «fait laver», malgré un divorce par consentement mutuel, et les divorcés sont particulièrement hésitants à risquer leur indépendance financière une seconde fois. Bien peu de femmes, même très à l'aise, comprennent l'étendue de ces inquiétudes masculines.

Paradoxalement, cette prudence financière mise à part, un grand nombre d'hommes ressentent un malaise devant l'autonomie apparemment *trop* grande d'une femme. Ils recherchent à la fois une femme qui les désirent et qui a besoin d'eux. Sans l'avouer, ils veulent une femme plutôt traditionnelle qui souhaite fonder un foyer avec eux.

Certains hommes ont peur que les femmes les considèrent seulement comme des « géniteurs ». Ils redoutent les femmes dont l'horloge biologique se fait trop souvent entendre. Ils ne veulent pas se marier uniquement parce qu'elle veut des enfants, surtout si elle insiste pour que l'homme partage également leur éducation. Les hommes préfèrent encore que ce soit eux qui réclament et ils réagissent plutôt mal à une demande en mariage.

À cet égard, on signale peu de changements. Les hommes veulent toujours épouser une femme qu'ils « aiment » et qu'ils sentent amoureuse d'eux. Toutefois, leurs attentes en matière de relation conjugale ne sont peut-être pas les mêmes que celles des femmes. Tandis que la femme « émancipée » cherche un homme « émancipé », l'homme veut savoir dans quoi il s'engage : qu'attend-elle et que désire-t-elle vraiment ? Bien entendu, ils ne sont pas toujours du même avis !

L'engagement

Entre un homme et une femme, le mot « engagement » est un terme lourd de signification, qui a fait crouler sous son poids bon nombre de relations, réelles ou potentielles. Autrefois, il n'avait pas la même ambiguïté : on se mariait ou on ne se mariait pas, et le mariage était synonyme d'engagement. La situation était claire pour tout le monde. Il rappelait ou ne rappelait pas et faisait sa demande en mariage ou ne la faisait pas. Elle répondait par «oui» ou par «non», bien que «peut-être» pouvait aller pendant quelques jours. Aujourd'hui, les possibilités d'engagement se sont multipliées, mais comme peu sont du genre «pour la vie», un certain trouble persiste entre les deux sexes, surtout de la part des femmes. L'engagement compte tout autant pour les hommes que pour les femmes; mais comme ils ne s'en aperçoivent pas tout à fait de la même manière, il arrive parfois que leurs divergences de point de vue les séparent. Il n'est pas rare que des sentiments de méfiance et des malentendus viennent tout gâcher, même avant la fin du premier rendez-vous.

Des fantasmes discordants

Examinons le cas de *Josée*, une célibataire de 29 ans. Elle venait d'obtenir son diplôme en administration des affaires et devait choisir entre plusieurs offres d'emploi intéressantes. Pendant qu'elle réfléchissait à son avenir professionnel, elle décida qu'il était temps qu'elle se «case» avec l'homme idéal. L'un de ses bons amis, à qui elle s'était confiée, connaissait quelqu'un qu'il tenait à lui présenter car, lui avait-il dit, il était tout à fait son genre: 35 ans, belle apparence, carrière en plein essor, un peu conformiste et *libre.* Elle accepta tout de suite de le rencontrer. Il lui téléphona quelques jours plus tard et l'invita à prendre un verre le lendemain après-midi. Josée fut séduite par sa voix au téléphone. Elle essaya de freiner ses attentes, mais elle rêvait déjà à ce qui pourrait arriver *si...*

Il avait en effet toutes les qualités qu'on lui avait décrites et il lui plut immédiatement. (Il faut admettre que les rencontres de ce genre ne sont pas toujours d'aussi bon augure.) Mais quelque chose n'allait pas. Après 40 minutes de conversation banale entre gens qui se rencontrent pour la première fois, il déposa sa serviette sur la table et déclara qu'il devait partir. Bouche bée, Josée n'osa pas protester et le suivit jusqu'à la sortie. Après des adieux insignifiants et sans mentionner la possibilité d'un rendez-vous ultérieur, ils partirent chacun de leur côté.

Josée fut outrée par sa muflerie. (Elle n'avait même pas fini son verre.) Mais en son for intérieur, elle se demandait : « Qu'est-ce qui est arrivé ? Je n'étais pas son genre ? Pour qui se prend-il, me juger ainsi au premier coup d'oeil ? »

Voyons maintenant le cas de *Sandrine,* une écrivaine de 34 ans. Elle avait déjà vécu avec deux hommes, mais ne s'était jamais mariée. Seule depuis un certain temps, elle commençait à avoir envie d'une relation durable. Elle avait fréquenté quelques hommes, sans toutefois faire l'amour avec eux, car elle n'en avait pas eu envie. Puis elle rencontra Gilles, 41 ans, divorcé, professeur de musique et pianiste de talent. Il n'avait rien du musicien classique ordinaire. De l'avis de Sandrine, il était électrisant. « Voilà quelqu'un d'intéressant, avait-elle pensé. Nous ferons l'amour au son de Mozart, plusieurs fois et passionnément. »)

Dans les semaines qui suivirent, ils sortirent ensemble à quelques reprises. Il y avait entre eux une espèce de chimie et beaucoup d'attirance. Il lui parlait déjà des voyages qu'ils pourraient faire ensemble l'été suivant. (« Il pense à l'avenir lui aussi », se disait-elle !) Vers la fin du mois, ils firent l'amour pour la première fois chez Sandrine. (L'attente avait rendu l'expérience d'autant plus excitante, pensait Sandrine, et ils s'en étaient très bien tirés pour une première fois.) Ils s'étaient endormis lorsque, peu après minuit, Sandrine se réveilla et trouva Gilles en train de s'habiller.

« Tu t'en vas ?

— Oui, j'ai beaucoup à faire demain. (Un samedi !)

— Mais je pensais qu'on passerait la nuit ensemble. On vient de faire l'amour. Comment peux-tu partir comme ça ? Je pensais que tu voudrais rester. »

Il passa donc la nuit avec Sandrine. Mais le lendemain matin, au moment de son départ, elle se sentit soudain mal à l'aise. Elle se demandait quand elle le reverrait et pourquoi il n'avait pas dit qu'il voulait la revoir aussitôt que possible — ce soir même en fait. « Après tout, c'était samedi. Il n'allait tout de même pas travailler un samedi soir ! ») Il lui dit gentiment qu'il allait rappeler. Elle se sentit abandonnée. Il rappela le mardi suivant. Ils continuèrent à se voir pendant un certain temps, mais le charme était rompu.

Enfin, l'histoire d'*Élisabeth,* une femme de 43 ans, divorcée depuis peu de temps. C'était une femme d'affaires qui travaillait beaucoup. Elle souhaitait rencontrer quelqu'un avec qui avoir une relation intime, mais sans que cela ne la conduise nécessairement au mariage.

Au cours d'une soirée chez des amis, elle rencontra un homme de son âge qui lui déclara très tôt qu'il la trouvait très attirante et qu'il aimerait bien faire l'amour avec elle. Un peu décontenancée, elle se dit : « Au moins, je sais à quoi m'en tenir. Pas besoin de passer des heures à bavarder en prenant un verre avant qu'il ne se décide à montrer son jeu. Il m'a dit ce qu'il voulait et il semble gentil. » Ce qu'il proposait, toutefois, n'était pas du genre d'Élisabeth et, même si elle le trouvait attirant elle aussi, elle refusa poliment. Il ne parut pas s'offusquer de sa réponse.

De retour chez elle, elle se demandait si elle n'avait pas été stupide de laisser passer une telle occasion lorsque le téléphone sonna. C'était lui.

« Dis, j'ai du cognac et des chocolats à la maison. Pourquoi ne viens-tu pas faire un tour ? On pourrait parler. J'ai vraiment envie de mieux te connaître.

— Mais il est tard! Je ne serais pas de compagnie très agréable à une heure pareille.

— Viens tout de même. J'aimerais vraiment te voir.»

Elle finit par lui dire «non» une deuxième fois et s'endormit en se demandant ce que tout cela voulait dire. «Comment savoir ce que les hommes pensent? Qu'est-ce qui se passe dans ce monde?»

«Ce monde» était celui des célibataires.

Aucun des hommes que Josée, Sandrine et Élisabeth avaient rencontrés n'avait l'intention de leur briser le coeur (bien que le premier ait totalement manqué de diplomatie). Pourtant, chacune des femmes de ce trio, des femmes tout de même fortes, s'était sentie menacée émotivement. Les hommes aussi étaient mal à l'aise, mais pour des raisons différentes. Examinons maintenant leur point de vue, en commençant par David, le bel inconnu de Josée.

Pour lui, la situation était simple. Il n'avait senti aucune chaleur de la part de Josée. Lorsqu'il avait approché sa chaise de la sienne, elle s'était raidie. Elle lui avait peut-être souri, mais elle avait retiré la main dès que la sienne l'avait effleurée accidentellement. Il avait carrément eu l'impression qu'elle n'était pas intéressée et avait décidé sur-le-champ qu'il n'allait pas perdre son temps à essayer de séduire une femme qui n'avait pas envie de se rapprocher de lui, même si elle l'attirait beaucoup. Dans ce cas-ci, c'était lui qui avait tout gâché, car Josée était à la fois intéressée et intéressante. Mais David n'avait pas eu la patience d'attendre pour le découvrir. Il s'était défilé avant même d'avoir investi quoi que ce soit.

La situation de Gilles est plus complexe. Sandrine s'était imaginée que son départ en pleine nuit équivalait à un rejet. Mais il n'en était rien. Il avait vraiment beaucoup à faire le lendemain. Il avait aimé faire l'amour avec elle et pensait aussi que cela n'avait pas été mal pour une première fois. Cependant, Gilles n'était pas prêt à s'engager tout de suite. Son divorce n'avait pas été trop pénible, mais il ne voulait tout simplement pas d'une relation exclusive porteuse de promesses pour l'avenir. Quand il avait parlé de voyages, Gilles n'avait pas eu l'impression de «s'engager». Il pensait seulement à des activités estivales qu'il aurait pu partager avec Sandrine. Sentant son malaise et ses inquiétudes ce soir-là, il avait décidé de faire marche arrière. Sans avouer à Sandrine les raisons de son comportement, il s'éloigna d'elle.

Le compagnon d'Élisabeth, Alain, un homme charmant, deux fois divorcé, avait tout simplement envie d'une aventure d'un soir. S'étant rendu compte que son approche trop directe n'avait rien donné, il l'avait rappelée pour lui faire le numéro de l'homme sensible. Élisabeth avait eu raison de se demander si ce n'était qu'une autre de ses tactiques de séduction. Ça en était une effectivement, plutôt habile d'ailleurs, car elle avait laissé Élisabeth très perplexe.

Dès le départ, il arrive très souvent que les hommes et les femmes aient, sans même s'en apercevoir, des attentes diamétralement opposées. Des raisons culturelles et biologiques complexes font que leurs fantasmes sur les fréquentations ne concordent pas, si bien que même leur première rencontre prend pour chacun d'eux une signification très différente.

En règle générale, voici à quoi ressemble le *fantasme féminin primal.* Le Prince Charmant se présente (il est cadre dans une institution financière, artiste prometteur ou voisin de palier). C'est le coup de foudre! Il l'aime et, s'il ne la sauve pas littéralement d'une vie sans intérêt, il la transporte au moins dans un monde merveilleux d'émotions partagées. Il veut tout de suite s'engager. (Il est d'accord, bien sûr, pour faire sa part dans l'entretien du palais.) Quelque temps après cette déclaration d'amour éternel (une heure, une journée ou une semaine), ils peuvent faire l'amour.

Mais le *fantasme masculin primal* ressemble plutôt à ceci. La Femme Rêvée arrive ou peut-être va-t-il vers elle (elle est jolie, sans être trop belle, cadre dans une institution financière, artiste prometteuse ou voisine de palier). Elle est tout de suite réceptive physiquement. Elle lui prend la main ou se rapproche de lui quand il met son bras autour de ses épaules. Il comprend à ces petits signaux que bientôt (dans une heure, une journée ou une semaine), ils deviendront amants. À partir de ce moment-là, et non avant, il pourra commencer à lui ouvrir son coeur.

Un homme n'a pas besoin de coucher avec une femme immédiatement, mais, avant même de songer à établir une relation quelconque avec elle, il a besoin de sentir un certain intérêt sexuel de sa part. Et il ne s'ouvre pas avant de s'en être assuré. Une femme n'a pas besoin d'un engagement immédiat, mais, avant de faire l'amour, elle veut sentir une certaine intimité amoureuse ou s'en donner l'illusion. Bien entendu, il arrive parfois qu'une femme ait envie de coucher pour coucher. Mais, de nos jours, les aventures d'un soir et les coucheries sans lendemain ne sont plus très appréciées ni des hommes ni des femmes.

Malgré tous les changements survenus dans les comportements sexuels, en particulier ceux des femmes, les impératifs de l'amour, qui sont l'*engagement* pour les femmes et l'*intérêt sexuel* pour les hommes, semblent subsister dans leur psyché respective. Ce n'est qu'une fois qu'ils ont constaté le respect de ces impératifs qu'un homme et une femme peuvent voir si une vraie relation s'établira entre eux.

Lorsqu'ils ne se rendent pas jusqu'à cette étape, c'est habituellement parce qu'ils n'ont pas réussi à surmonter les obstacles que posent ces différences primales. Ceux qui traversent cette période difficile y arrivent en naviguant instinctivement et en bravant les écueils ou, s'ils ont la chance d'avoir un peu d'expérience, en se disant qu'il s'agit d'une phase temporaire de leur relation. Les gens qui ont tendance à se défiler au premier signe d'asymétrie ont besoin de mieux comprendre ces différences initiales, afin de pouvoir ensuite rajuster leur tir. Les plus courantes ont été traitées auparavant, mais en voici quelques autres.

- Pour les hommes, le sexe $=$ le sexe, comme $X = X$. Au début d'une relation, ils peuvent plus facilement que les femmes séparer le sexe des sentiments. (Dans certains cas, comme celui d'Alain, un homme peut ne désirer rien d'autre.)
- Pour les femmes en général, le sexe $=$ le sexe et... pour elles, c'est plutôt $X = X + Y$, Y représentant les sentiments. Dès le début, le sexe et les sentiments sont liés (comme chez Élisabeth).
- Les femmes se sentent menacées par le sexe tandis que les hommes craignent surtout la dépendance.
- Il veut coucher avec elle — ou du moins, s'assurer qu'elle éprouve une certaine attirance pour lui. Elle craint qu'il ne se serve d'elle — et veut s'assurer au moins qu'il éprouve certains sentiments pour elle.
- Les hommes ont rarement l'impression qu'on se sert d'eux. (*Puisque c'est tellement agréable, qu'on se serve de moi autant qu'on le voudra!*) Ils sont par ailleurs flattés quand, au cours d'une soirée, une parfaite étrangère leur fait des avances. (*Elle peut mettre ses souliers sous mon lit n'importe quand!*)
- Les femmes ont toujours l'impression qu'on veut se servir d'elles. (*Est-ce que je lui plais vraiment ou veut-il seulement coucher avec moi?*) Il arrive parfois qu'elles soient flattées par les avances d'un étranger,

mais elles se demandent aussi si elles ne devraient pas s'en offusquer. (Refrain : *Est-ce que je lui plais ou veut-il seulement coucher avec moi ?*)

De part et d'autre, la seule solution à tous ces problèmes est de chercher à comprendre : chercher d'abord à se comprendre soi-même, puis à comprendre l'autre. En fait, il est souvent utile de se servir de la tension sexuelle à son avantage, un peu comme les acteurs transforment le trac en une énergie qui galvanise leur public. En y réfléchissant bien, sans tension, quel intérêt retrouverions-nous aux jeux de la séduction ? Nous avons tous besoin de quelqu'un qui nous fasse réagir positivement.

Lorsqu'elles commencent à fréquenter un homme, la plupart des femmes font l'erreur d'insister sur la « relation », sans attendre le moment opportun. Elles commencent à s'imaginer tout un scénario avant même que la relation n'ait eu le temps de se développer.

Pour leur part, les hommes attendent trop longtemps. Quand ils sont enfin prêts à extérioriser leurs sentiments, la femme qu'ils aiment se sent déjà frustrée et épuisée.

Vu le climat sexuel des dernières années, bon nombre de jeunes femmes croient avoir tort d'accorder tant de valeur à une relation. Elles accomplissent toutes sortes de choses, souvent peu productives, pour freiner leurs élans et s'empêcher de penser à une relation stable. Pourtant, ce qui cloche, ce n'est pas la valeur qu'elles veulent y accorder, mais le moment choisi pour le faire. Il est merveilleux de donner de l'importance à une relation, et les hommes, tout comme elles, souhaitent vraiment être importants pour quelqu'un. Ils n'ont pas envie, eux non plus, d'être exploités ; ils ne veulent pas être le numéro 17 du mercredi soir. Ils aiment être choisis et veulent qu'une bonne relation dure. Rares sont ceux qui, pour une raison ou pour une autre, ne veulent pas ou ne peuvent pas avoir de relations intimes avec une femme.

Mais les hommes hésitent davantage à s'engager parce qu'ils se sentent plus menacés. Ils ont l'impression de marcher sur une corde raide, c'est-à-dire qu'ils veulent qu'une femme ait besoin d'eux, mais non qu'elle exerce des pressions. Ainsi, ils envoient malgré eux des signaux contradictoires du genre «éloigne-toi un peu plus près».

Pour les hommes, s'engager implique assumer des responsabilités. La vieille crainte de se mettre la corde au cou les effraie. En fait, ce n'est pas tellement la peur de voir leur liberté sexuelle brimée, bien que cela puisse arriver au début, mais celle d'être prisonniers d'un monde totalement différent de celui qu'ils connaissaient en tant que célibataires sans attaches, un monde dans lequel ils se sentiront responsables de leur partenaire et des enfants qu'elle pourrait avoir, même si elle gagne de l'argent. Ne peut-elle pas laisser tomber son emploi à n'importe quel moment et les ruiner complètement!

Voilà ce qui préoccupe les hommes lorsqu'ils songent à s'engager. C'est une logique que les femmes ne comprennent pas mais qui hante constamment les hommes.

Après avoir connu, pendant les années 60 et 70, une époque de promiscuité («Qui est dans mon lit ce matin?») et de mariage ouvert, notre société est profondément touchée par une épidémie de maladies transmissibles sexuellement, comme l'herpès et le sida. Mais ceci n'explique pas toutes les transformations survenues récemment. Si les relations en série ont des conséquences physiques, elles ont aussi des conséquences psychologiques. De nos jours, on fait plutôt l'amour avec quelqu'un qu'on connaît bien. L'engagement est de nouveau à la mode, mais il est différent. Nous sommes tous en train de redéfinir les relations amoureuses, mais les modèles pour nous guider font cruellement défaut. Nous devons les apprendre par nous-mêmes et les apprendre les uns des autres, au fur et à mesure de nos relations.

Les premiers rendez-vous et les premiers engouements ne sont que le commencement. Il faut maintenant apprendre à naviguer dans les eaux tumultueuses des fréquentations modernes.

IV

L'amour moderne : Au-delà de l'engouement initial

Imaginons que vous ayez réussi à naviguer entre les récifs des premières fréquentations et que vous sortiez maintenant régulièrement et exclusivement avec quelqu'un. Votre quête est terminée pour toujours, ou du moins pour un certain temps. Vous vous êtes entendus sur le genre de relation que vous désirez et, à mesure que vous vous rapprochez, vous abordez une phase d'évaluation plus sérieuse, qui est un prélude à la cohabitation ou au mariage.

Malgré l'évolution rapide des moeurs ces dernières années, «faire la cour» est un phénomène qui n'a guère changé et qui correspond toujours à la définition des dictionnaires : « se montrer assidu et galant auprès d'une femme pour lui plaire». Toutefois, cela ne devrait plus vous étonner, les hommes et les femmes interprètent souvent cette définition un peu différemment.

Les femmes me disent que c'est le moment où les hommes sont le plus ouverts, loquaces, compréhensifs, tendres et communicatifs. C'est le seul temps de leur vie où ils feront de longues promenades romantiques sur la plage ou dans les rues de la ville et passeront des heures langoureuses au lit, partageant jusqu'aux petites heures du matin leurs espoirs, leurs craintes et leurs rêves avec la femme qu'ils aiment. Mus par de fortes émotions et une attirance sexuelle intense, les hommes deviennent souvent, pendant cette période, «tout» ce qu'une femme peut désirer.

Ils envoient des billets doux, offrent des cadeaux (petits et gros) ou des fleurs et ont des attentions particulières qui précèdent même les désirs de leur amante. Un homme qui fait sa cour sera heureux de participer à la préparation de petits plats *et* d'aider sa compagne à laver la vaisselle après le repas. Il s'intéressera au travail de celle-ci et ne lui en voudra pas de rentrer un peu plus tard quand une réunion au bureau se prolonge. Après tout, dira-t-il, les femmes ont le droit de réussir autant que les hommes. Et il se montrera plein de sollicitude les jours où elle sera plus fatiguée que d'habitude.

Bon nombre de femmes considèrent le comportement d'un homme pendant cette période comme l'indicateur principal de la qualité de leur vie future ensemble. Elles s'imaginent que sa façon d'être actuelle durera toujours. Quel homme merveilleux!

Voilà pourquoi tant de femmes ont un réveil brutal dans les mois qui suivent la fin de cette période heureuse où leur amant leur faisait la cour. (Mais les hommes ont, eux aussi, une version de ce qui se passe alors.)

Une fois leur cour terminée, les hommes redeviennent eux-mêmes et ne sont plus, au grand désespoir de leurs amantes, la personne loquace, ouverte et attentionnée qu'elles ont connue quelques mois plus tôt. Ils sont de nouveau absorbés par leur travail, préoccupés et généralement peu communicatifs avec leurs partenaires. Non seulement les femmes restent perplexes devant cet être silencieux dans leur vie, mais elles se sentent trompées, manipulées et, souvent, aux prises avec un vif ressentiment. Soudainement, une personne qu'elles croyaient proche, sur la même longueur d'onde, semble avoir syntonisé une fréquence lointaine et difficile à capter.

En règle générale, les femmes ne se rendent pas compte que le temps où un homme fait la cour à une femme est à peu près le seul moment dans sa vie où la chose qui lui tient le plus à coeur est d'établir un lien émotif avec cette femme, de gagner son affection et de l'amener à s'engager de manière durable. Pour ce faire, il relègue toutes ses autres préoccupations (travail, carrière et même fatigue) au deuxième plan. Mais lorsqu'il n'a plus besoin de faire une cour aussi intense, parce qu'il s'est acquis l'amour et la loyauté de celle qu'il désire, il laisse son travail et sa carrière reprendre le dessus. Peu à peu, son comportement se met à changer. Et, au grand étonnement de sa partenaire, le séducteur fougueux auquel elle s'était habituée n'est plus qu'un vestige du passé.

Pourtant, il n'y a pas que les hommes qui changent de comportement pendant cette période idyllique. Les femmes aussi deviennent particulièrement attentives aux désirs de leur amant. Par exemple, elles se mettront soudainement à s'intéresser aux sports et aux passe-temps qui le passionnent, à préparer toutes sortes de petits plats, à organiser des sorties romantiques, à lui écrire des billets doux et à se faire belles pour lui. Elles lui consacreront beaucoup de temps et d'attention, même au prix de négliger un peu leurs ami(e)s, leur famille et leur travail. Des femmes dont les carrières sont d'ordinaire très exigeantes éviteront les responsabilités et les heures supplémentaires. Elles minimiseront l'importance de leur travail dans leur vie et feront toujours passer leur amant en premier, l'abreuvant de compliments à la moindre attention.

Pendant cette période, elles seront aussi beaucoup plus actives sexuellement, non seulement en raison de la nouveauté de la relation, mais aussi à cause des épanchements émotifs et de l'attention extraordinaire que leur témoigne leur partenaire. Elles inviteront les avances sexuelles, en accepteront les variations ludiques et iront même jusqu'à en proposer quelques-unes elles-mêmes.

Pour les hommes, faire la cour est une aberration *temporaire,* une brève période où leur relation amoureuse a la priorité sur toute autre chose. Puis, leur vie retourne à la normale ou, du moins, à ce qui a toujours été normal pour eux. La relation passe au second plan et leur carrière reprend toute son importance. *Cependant,* les hommes s'attendent à continuer d'occuper la première place dans la vie de la femme qu'ils aiment.

Pour les femmes, le temps où un homme leur fait la cour n'est que le début d'une période *permanente,* caractérisée par la place prioritaire que leur relation occupera désormais tant dans la vie de leur partenaire que dans la leur. Dès qu'elles se marient ou décident de vivre avec un homme, les femmes s'attendent que leur relation prenne le pas sur tout le reste.

Elles sont très malheureuses de découvrir que leurs compagnons n'ont pas les mêmes attentes qu'elles. Mais, de nos jours, il faut reconnaître que les hommes sont, eux aussi, plutôt décontenancés lorsqu'ils se rendent compte qu'ils ne sont plus toujours l'unique centre d'intérêt de leur partenaire.

Le début des négociations

En fait, il faut savoir examiner ces jours de bonheur parfait ou presque avec un certain recul. Il arrive souvent qu'un couple se heurte très tôt à des attentes contradictoires. Mais cela ne gâche pas nécessairement sa relation. Au contraire, s'il sait en discuter ouvertement dès le début, il se mettra rapidement sur la voie d'une relation saine et durable.

Prenons le cas de Bernard et Céline, qui sont en couple depuis un peu moins d'un an. Céline, une jeune et jolie comptable de 29 ans, intelligente et compétente, est venue me consulter au sujet de ses problèmes avec Bernard. Elle s'inquiète de la stagnation apparente de leur relation.

CÉLINE : Bernard et moi sortons ensemble depuis plus de 10 mois et je commence à m'impatienter. Je ne veux *absolument* pas me marier, mais je ne veux pas être seule non plus. Et je veux fonder une famille. J'aime Bernard, vous savez, mais il n'a pas envie de s'engager au-delà de me proposer d'habiter avec lui. Comme nous passons déjà presque toutes nos nuits chez l'un ou chez l'autre, vivre ensemble ne changerait pas grand-chose.

Je ne comprends pas très bien ce qu'il attend de notre relation. Avec nos amis, il semble très ouvert, comme s'il voulait une relation vraiment égalitaire. Je sais qu'il m'appuie sur le plan professionnel, mais il a aussi cette drôle de façon de me répéter sans cesse que sa mère était toujours là quand son père rentrait du travail.

Il aime que nous passions beaucoup de temps ensemble, et j'en suis très heureuse. Mais cela m'oblige à travailler moins qu'avant et je me demande ce qui m'arriverait professionnellement si jamais ma relation avec Bernard devait prendre fin.

Ce qui m'inquiète le plus, c'est son indécision. Je sais qu'il se remet encore de son premier mariage et du divorce qui a suivi. Mais dès que le sujet de nous marier vient sur le tapis, il parle vaguement d'arrangements financiers et se défile aussitôt que je veux en discuter. S'il ne veut pas se marier, il n'a qu'à me le dire. S'il n'arrive pas à se décider, je suis prête à laisser tomber.

Écoutons maintenant le point de vue de Bernard, un homme dans la trentaine qui travaille pour une société d'investissements. Il est divorcé depuis quelques années, et Céline est la première femme avec qui il sort sérieusement, après une série de liaisons sans lendemain. Lors de sa première rencontre seul avec moi, il s'est montré particulièrement ouvert.

BERNARD: Je ne sais pas exactement ce que je veux. Premièrement, un deuxième mariage me semble risqué. Bien que j'aie réussi à me tirer de mon premier mariage sans trop de dégâts financiers, j'ai l'intention d'exiger un contrat très explicite avant de me remarier, peu importe *qui* j'épouse. Après tout, il faut savoir garder les pieds sur terre.

Les choses vont trop vite avec Céline. Elle est peut-être déjà prête à se marier, mais elle exerce beaucoup trop de pressions sur moi. J'ai l'impression que nous ne sommes pas sur la même longueur d'onde et que nous ne recherchons pas tout à fait la même chose.

Moi, j'ai envie d'avoir une *femme,* mais elle ne parle que de devenir ma *partenaire.* Remarquez que je n'ai rien contre la libération des femmes, mais il y a quand même beaucoup de points à prendre en considération. Céline est une femme très aimante en ce moment, mais je me demande combien de temps cela va durer. Son travail est tellement important pour elle que cela m'effraie. Je n'ai rien contre une femme qui s'intéresse à sa carrière, mais il y a des limites. Chaque fois que je fais l'éloge de ma mère qui a toujours été une épouse merveilleuse pour mon père, même si elle travaillait, Céline prend un air boudeur. Je ne sais vraiment plus quoi faire.

Bernard et Céline vivent un dilemme assez fréquent de nos jours. (Remarquez qu'il s'inquiète que le travail de Céline n'ait priorité sur lui.) Ils s'aiment et ne veulent pas mettre fin à leur relation, mais ils ont certains problèmes particuliers.

Ils ont d'abord et avant tout un problème de *synchronisation*. Céline est prête, mais Bernard ne l'est pas. Céline se sent pressée par l'approche de la trentaine et sait que ses chances de trouver un autre partenaire diminuent rapidement avec l'âge. De plus, elle ne veut pas attendre trop longtemps avant d'avoir des enfants. Dans son esprit, 10 mois de fréquentations sont «amplement suffisants». Ils s'aiment et sont sexuellement compatibles. Ils sont heureux ensemble. Pourquoi attendre plus longtemps?

Dans l'esprit de Bernard, 10 mois semblent très courts. Il a déjà été marié et est plutôt prudent que pressé. Ce n'est pas qu'il ait envie de quelqu'un d'autre, mais il n'aime pas se sentir acculé au pied du mur. Il n'est tout simplement pas prêt.

Il y a quelques années, ce genre de problème n'existait pas. Les femmes se mariaient jeunes et n'avaient pas à se préoccuper de leur horloge biologique. Les conventions sociales et les hommes dictaient leur conduite; elles s'y conformaient. De leur point de vue, on ne choisissait pas le meilleur moment pour se marier. Si on attendait trop longtemps, on risquait de rester vieille fille. Et si on voulait précipiter les choses, le seul moyen de le faire était de devenir enceinte. Mais c'était un jeu dangereux qui comportait beaucoup de risques.

Le deuxième problème de Bernard et Céline vient de leurs *attentes au sujet de l'égalité*. Ils n'ont jamais vraiment discuté de leurs attentes réciproques quant au mariage. En réalité, ils se font encore mutuellement la cour, essayant de minimiser les conflits tout en cherchant à satisfaire les désirs de «l'autre». Céline insiste pour que leur relation soit égalitaire et réciproque. Cette notion rend Bernard mal à l'aise, mais il ne sait pas comment exprimer ses réticences sans paraître chauvin.

Dans les années 50, le comportement des hommes et celui des femmes dans le mariage étaient fixés. Chacun connaissait bien son rôle, ce qui n'est plus le cas maintenant. De nos jours, les femmes n'attendent plus la même chose d'elles-mêmes et des hommes. Elles n'ont nullement envie d'imiter leurs parents. Cependant, la plupart des hommes espèrent les *mêmes* choses, c'est-à-dire que leur femme se comporte comme leur mère et qu'ils agissent comme leur père.

Et il y a enfin le problème du *support émotif* dont chacun a besoin.

La relation de Bernard et Céline est encore toute jeune. Ni l'un ni l'autre n'a d'enfant, ils sont en santé et ont des emplois qui les satisfont. Leurs revenus combinés leur permettent de bien vivre. Sans soucis financiers, ils peuvent être généreux l'un envers l'autre.

Mais, rappelons-nous qu'ils sont encore au début de leur relation. Malgré ses 32 ans, Bernard est un homme plutôt traditionnel qui veut qu'on prenne soin de lui. («Moi, j'ai envie d'avoir une *femme,* mais elle ne parle que de devenir ma *partenaire.*») Il n'a jamais abordé ce sujet avec Céline car, jusqu'ici, elle avait toujours comblé toutes ses attentes.

Céline est une femme généreuse, mais elle fait tout de même des efforts conscients pour faire plaisir à Bernard. En outre, elle craint d'être la seule à toujours donner. En fait, elle apprécie les attentions de Bernard et s'attend qu'il ne cesse jamais d'être aussi délicat à son égard.

Étant donné les circonstances, je me demandais quels conseils donner à Bernard et à Céline pour les aider à sortir de cette impasse. Devrais-je recommander à Bernard de faire le grand saut, même s'il n'est pas prêt? Ou devrais-je encourager Céline à laisser tomber Bernard, même sans être certaine de trouver un autre partenaire?

Je leur ai demandé de venir ensemble à quelques séances de thérapie. Après avoir longuement parlé avec eux, je leur ai finalement proposé la solution suivante. Comme je savais pertinemment qu'il n'y avait aucun obstacle d'ordre religieux, familial ou social qui les empêchait de vivre ensemble sans être mariés, je leur ai suggéré de cohabiter pendant trois mois avant de décider s'ils voulaient se marier. Je leur ai expliqué qu'ils auraient ainsi une idée plus réaliste de leur vie une fois mariés.

Celui ou celle qui déménagerait chez l'autre garderait son appartement, afin de conserver un certain sens d'indépendance et de sécurité, au cas où l'expérience serait un échec.

En se fixant une limite de trois mois, Céline n'aurait plus l'impression que leur relation ne cesserait jamais d'aller à la dérive et Bernard ne se sentirait plus obligé de prendre une décision prématurée.

Leur premier devoir était de parler et d'agir comme ils entendaient le faire dans l'avenir. Je leur ai recommandé d'être plus francs l'un envers l'autre et d'exprimer clairement quelles étaient leurs attentes respectives face au mariage.

Le résultat? Bernard et Céline ont continué à vivre ensemble pendant près d'un an. Ils ont traversé une période pendant laquelle Bernard était très réceptif à l'idée de se marier, tandis que Céline se sentait envahie par le doute. (Il arrive souvent que le pendule oscille ainsi.) C'était maintenant Bernard qui poursuivait Céline. Celle-ci réfléchissait à tous les ajustements majeurs qu'elle devrait faire dans sa vie si elle épousait Bernard. Elle mesurait non seulement ce qu'elle devrait *investir* dans leur relation (car il prévoyait beaucoup d'attention de sa part), mais aussi ce qu'elle pouvait *attendre* de lui en termes de soutien émotif, surtout dans sa carrière à elle.

Au bout d'un certain temps, ils ont fini par trouver un terrain d'entente et se sont mariés. Bernard continue d'apprécier les attentions que lui témoigne Céline et il l'appuie de plus en plus dans sa carrière. Ils comptent avoir un enfant, mais se demandent si leur vie n'en sera pas profondément modifiée. « Certainement et complètement », leur ai-je dit, en leur suggérant quelques bons livres sur le sujet !

Bernard, comme la plupart des hommes dans la force de l'âge qui gravissent les échelons d'une carrière prometteuse, a besoin d'une femme qui soit capable de relever le défi de vivre avec lui. Ces hommes savent que s'ils veulent « réussir », ils doivent le faire avant 40 ans. Cela crée inévitablement certaines tensions dans leurs relations amoureuses.

En règle générale, ils sont heureux de ne plus avoir à se marier aussi jeunes. En fait, par rapport à ce qui se passait il y a 25 ans, les pressions que Céline exerçait sur Bernard étaient relativement faibles. De nos jours, les femmes ont moins besoin de se marier pour des raisons de sécurité financière. Pour leur part, les hommes aiment sortir avec des femmes autonomes et économiquement indépendantes, qui savent ce qu'elles veulent.

Cependant, quand la relation devient plus sérieuse, les hommes se sentent menacés par la possibilité que le travail de leur femme ne soit aussi important pour elle que le leur ne l'est pour eux. Ils livrent une concurrence féroce pour obtenir des promotions et se battent sans relâche pour se tailler une place dans le monde du travail. (Mais la situation est parfois la même pour la femme qu'ils aiment et c'est là le problème.) C'est le moment de leur vie où ils sont le plus exigeants, le plus susceptibles de prendre sans donner en retour et de devenir narcissiques, égoïstes et peu communicatifs, tout en s'attendant que la femme qu'ils aiment prenne soin d'eux et leur témoigne beaucoup d'amour.

Ainsi, bien qu'un homme courtisant une femme *dise* qu'il l'appuie dans sa carrière et qu'il *comprenne* qu'elle s'effondre tôt après une dure journée de travail, il ne peut s'empêcher d'espérer, en son for intérieur, que la carrière de son amante ne viendra pas trop déranger la sienne ou sa vie en général. Le désir qu'il éprouve vraiment, mais n'admet jamais, est que la femme qu'il aime soit là à l'attendre quand il rentre à la maison.

S'il m'aime...

Entre-temps, les femmes vérifient la sincérité des sentiments que les hommes éprouvent pour elles en leur faisant passer des examens dont ils entendent parler seulement après y avoir échoué. En voici quelques exemples.

S'il m'aime, il se rendra compte à quel point je suis fatiguée et proposera que nous dînions au restaurant, même si j'ai dit que je préparerais le dîner.

S'il m'aime, il ne me demandera pas de faire l'amour ce soir, parce que je me sens grippée et moche comme tout.

S'il m'aime, il proposera que nous invitions mes parents à déjeuner dimanche.

S'il m'aime, il m'encouragera à assister à la conférence de ce week-end, pour que je ne me sente pas coupable de le laisser seul.

S'il m'aime, il fera la vaisselle sans que j'aie à le lui demander.

Connaissez-vous ce genre d'attentes? Les éprouvez-vous ou les voyez-vous se manifester chez la femme avec qui vous vivez?

Ce ne sont, en fait, que des variations très courantes d'un dialogue intérieur propre aux femmes, qui s'étend bien au-delà du doux temps où les hommes leur font la cour. C'est une formule générale, mélange d'épreuves silencieuses et d'attentes inexprimées, par laquelle elles interprètent certains comportements comme des preuves d'amour. (Il faut dire que les femmes sont remarquablement discrètes à ce sujet.) Il arrive souvent qu'une femme n'ait même pas conscience de tous les examens qu'elle fait passer à un homme. Sans s'en rendre compte, elle tire la conclusion qu'à moins qu'un homme ne se comporte d'une certaine façon, il ne l'aime pas ou, du moins, pas assez.

De tels comportements déroutent doublement les hommes.

Premièrement, ils diront qu'ils se sentent souvent mis à l'épreuve par les femmes, sans même connaître la nature de l'examen qu'ils ont à passer. (Comment réussir quand on ne connaît pas les questions?)

Deuxièmement, les hommes sont moins habiles que les femmes lorsqu'il s'agit d'exprimer leurs sentiments et de se donner dans une relation amoureuse. Ainsi, même s'ils savent que la nature de l'épreuve consiste à démontrer leur amour et la sincérité de leurs sentiments, ils ne savent pas d'instinct comment s'y prendre, surtout les premières fois.

En règle générale, les hommes ont peu d'expérience dans l'art d'être un soutien émotif. On les a toujours très peu encouragés à le faire, car c'est un domaine traditionnellement réservé aux femmes. C'est pourquoi il existe en ce moment un véritable écart psychologique entre ce que les femmes espèrent et ce que les hommes savent exprimer. Cela peut non seulement soulever de nombreux problèmes pour des couples comme Céline et Bernard, mais aussi détruire prématurément des relations autrement heureuses. En voici un bon exemple.

Christine, 33 ans, travaille comme assistante rédactrice pour un journal important. C'est une femme énergique, ouverte et compétente. Toujours célibataire pour diverses raisons, elle avoue désirer se marier un jour. Au cours d'une séance de thérapie, elle m'a parlé de l'homme de sa vie. Tout allait bien depuis qu'ils avaient commencé à sortir ensemble il y a six mois, mais maintenant elle se sent déçue et désillusionnée.

CHRISTINE : Hubert savait que je devais subir une opération. Je ne risquais pas d'en mourir, mais j'avais tout de même très peur. Il y a 10 ans, je m'étais blessée au genou en faisant du ski et la blessure avait mal guéri. Les choses s'étaient aggravées avec le temps. On m'avait recommandé une chirurgie. Ce n'était pas le genre d'opération qu'on pratique sous anesthésie locale, mais plutôt une chirurgie compliquée sous anesthésie générale, suivie de longs traitements de physiothérapie. De plus, je devais passer au moins une semaine à l'hôpital après l'opération.

Hubert le savait et il m'a beaucoup soutenue au début. Il m'a même accompagnée à l'hôpital la veille de mon opération. Mais par la suite, j'y ai passé 10 jours et il n'est venu me voir que trois ou peut-être quatre fois. Il m'a envoyé des fleurs. Un point, c'est tout !

Enfin, je pensais qu'il y avait quelque chose entre nous ! Il m'a vraiment déçue ! Je vous assure que si c'était *lui* qui était allé à l'hôpital, je ne lui aurais pas rendu deux ou trois visites pour la forme et envoyé des fleurs. Je serais allée le voir tous les jours. Voilà ce qu'un engagement et des sentiments veulent dire pour moi !

J'ai bien l'impression que c'est déjà le début de la fin de notre relation !

Pour mieux comprendre ce que ressentait Christine, j'ai demandé à Hubert de venir me voir pour discuter. Hubert est un ingénieur de 38 ans. Comme il n'avait jamais consulté de psychologue, me rendre visite le mettait très mal à l'aise. Je lui ai expliqué au téléphone que je voulais simplement lui parler de sa relation avec Christine et qu'il ne s'engageait qu'à une seule visite. À la fin, il a accepté de me rencontrer.

HUBERT : J'aime *beaucoup* Christine. C'est une femme très spéciale. Nous songeons à habiter ensemble et même peut-être à nous marier.

Je ne comprends toujours pas pourquoi elle s'est mise dans cet état à cause de son opération. Elle n'était pas sérieusement malade. Elle allait simplement faire réparer son genou. Je savais qu'elle avait peur des médecins et des hôpitaux et je me suis même dit que je devais être particulièrement gentil avec elle. Je l'ai accompagnée à l'hôpital la veille et je suis resté avec elle jusqu'à 10 heures ce soir-là. Le lendemain, je lui ai envoyé des fleurs. Je suis allé la voir plusieurs fois et je lui ai téléphoné tous les jours. Elle semblait contente au début, puis elle a commencé à bouder. Pourtant, tout allait bien. Un jour que j'étais là pour une visite, son médecin est même venu lui dire qu'elle se remettait remarquablement bien.

Depuis que Christine est sortie de l'hôpital, on dirait qu'il y a un mur entre nous. Je me rends compte que j'ai dû faire quelque chose pour lui déplaire, mais je ne sais vraiment pas quoi. Que voulait-elle ? Que je m'installe dans sa chambre avec elle? Mon travail est très exigeant et j'ai d'énormes responsabilités. J'ai l'impression qu'elle aurait voulu que je laisse tout tomber à cause de cette fichue opération.

Christine, comme beaucoup de femmes dans une situation semblable, a interprété la conduite d'Hubert en termes de ce qu'*elle-même* aurait fait dans les mêmes circonstances. Rappelons que les femmes sont généralement beaucoup plus dévouées que les hommes. Si Hubert était allé à l'hôpital, Christine serait sans doute passée le voir tous les jours, peut-être même plusieurs fois par jour. De plus, au début de leurs fréquentations, Hubert s'était montré très prévenant à son endroit. Mais les choses avaient commencé à changer dès qu'ils avaient décidé d'avoir une relation exclusive. Christine avait eu l'impression qu'Hubert passait de plus en plus de temps au bureau et s'intéressait moins à elle. Ce qui s'était passé à l'hôpital venait confirmer le peu de sentiments qu'il éprouvait pour elle.

De son point de vue, Hubert pensait qu'il avait été là quand elle avait eu besoin de lui, c'est-à-dire la veille de son opération et les premiers jours de sa convalescence. Il lui avait rendu visite, lui avait envoyé des fleurs et s'était montré très disponible. Mais, comme la plupart des hommes l'auraient fait, il avait continué à travailler et n'avait pas beaucoup changé sa vie pendant la convalescence de Christine. Hubert ne savait évidemment pas ce que Christine attendait de lui. C'est pourquoi la colère et la froideur de celle-ci l'ont complètement dérouté.

Pour mieux comprendre ce qui s'était passé au moment de l'opération, Hubert et Christine sont venus ensemble au rendez-vous suivant. J'ai demandé à Christine de me dire ce qu'elle avait ressenti avant et après son opération. Je lui ai également demandé de me décrire ce qu'elle avait espéré de la part d'Hubert.

S'adressant d'abord à moi, puis à Hubert, Christine a dit: «J'étais vraiment terrifiée, surtout par l'anesthésie. Mais j'avais honte de te le dire parce que tu parlais toujours de ma «petite opération». J'étais très heureuse que tu m'accompagnes le premier soir. Cela m'a beaucoup rassurée. Mais après, je me suis sentie abandonnée. Tu n'es venu que trois fois!

«Ça faisait très mal. Je ne pouvais même pas lire, mais je ne voulais pas prendre de médicaments. Tu ne peux pas savoir à quel point les séances de physiothérapie étaient douloureuses! Chaque fois que je commençais à t'en parler, tu semblais ailleurs et même mal à l'aise.

«Je me sentais toute seule au monde!»

J'ai ensuite demandé à Hubert de donner sa version des faits à Christine. Voici ce qu'il lui a dit: «Tout d'abord, je suis très étonné que tu aies eu si peur. Tu ne m'en avais pas beaucoup parlé. Je ne pensais vraiment pas que l'anesthésie puisse t'effrayer à ce point. J'ai subi trois opérations, toujours sous anesthésie générale!

«Enfin, Christine, comment aurais-je pu savoir ce qui se passait dans ta tête? J'avais l'impression de mériter la médaille de l'homme le plus attentionné au monde! Si seulement j'avais su que tu voulais que je te rende visite tous les jours, je l'aurais fait. Enfin, pourquoi en as-tu fait un tel secret?»

En entendant les paroles d'Hubert, Christine a rougi légèrement et a dit: «S'il avait fallu que je te demande de venir tous les jours, ce n'aurait pas été pareil. Je voulais que tu viennes parce que tu en avais *envie.*»

Il est vrai qu'Hubert aurait pu être plus prévenant à l'égard de Christine pendant qu'elle était à l'hôpital. Non seulement des visites quotidiennes lui auraient-elles fait très plaisir, mais elles n'auraient pas été déplacées. Hubert ne pensait pas avoir manqué de délicatesse, mais son comportement était loin de ce que Christine voulait et attendait de lui.

Cependant, dès qu'une femme se met à espérer qu'un homme devine intuitivement ses désirs ou ses besoins et qu'il se rende compte de ses craintes et de ses appréhensions sans avoir à les lui exprimer, elle court droit au désastre. Comme la plupart des hommes n'ont pas appris à prendre soin des autres de cette façon, les femmes ont de bien meilleures chances d'obtenir ce qu'elles désirent en le *demandant* plutôt qu'en *espérant* qu'on le leur donne.

«Dans ce cas-ci, ai-je expliqué à Hubert et à Christine, je ne pense pas que l'un ou l'autre de vous ne soit à blâmer. Toutefois, si nous n'en avions pas parlé, le malentendu aurait pu s'amplifier. Vous auriez même pu décider de mettre fin à une relation qui me semble plutôt heureuse!»

Tous deux ont acquiescé d'un signe de tête. J'ai poursuivi en disant: «Pour ce qui est de l'avenir, laissez-moi vous donner un conseil utile. Je crois, Christine, que vous devez faire savoir plus clairement à Hubert ce que vous attendez de lui. Si vous ne le faites pas, vous continuerez à vous sentir frustrée et pleine de ressentiment.

«Votre relation est encore relativement jeune et je pense qu'avec le temps, Hubert pourra apprendre à deviner certains de vos désirs. Pour le moment, cependant, vous devez prendre le risque de demander. Bien sûr, si vous demandez et qu'Hubert n'agisse pas comme vous le voulez, vous serez sans doute déçue. Mais vous constaterez au bout du compte que vous avez de meilleures chances d'obtenir ce que vous voulez si vous le demandez clairement.»

Christine a approuvé. J'ai ajouté: «Hubert, tout en demandant à Christine de changer son comportement, je ne vous oublie pas. Vous saviez que Christine avait peur et je pense que vous avez choisi de ne pas en tenir compte. Cela vous rendait peut-être mal à l'aise de prendre soin de Christine ou peut-être n'aviez-vous simplement pas envie de prendre du retard dans votre travail ! »

Hubert ne broncha pas.

« Je vous suggère de faire davantage attention à Christine. Cela devient ennuyeux de *toujours* avoir à demander. Vous pouvez, par exemple, prendre l'initiative de lui demander ce qu'elle veut, ce qu'elle aimerait ou ce dont elle a besoin. »

Il parut alors plutôt hésitant.

« Écoutez, ai-je poursuivi, je ne veux pas dire par là que vous devrez satisfaire les moindres caprices de Christine. Vous avez le droit de dire « oui » ou « non », mais vous serez mieux en mesure de faire vos choix si vous savez ce que Christine attend de vous. »

Pour les hommes, le problème est beaucoup moins complexe car, comme je l'ai dit précédemment, les femmes sont spontanément beaucoup plus attentives aux désirs de leurs partenaires. Mais ma recommandation est valable pour les deux sexes, à savoir que vos désirs sont plus susceptibles d'être satisfaits si vous les exprimez, au lieu de compter sur les pouvoirs divinatoires de votre partenaire !

Les premiers mois d'une relation amoureuse sont une période merveilleuse, mais ils peuvent aussi se révéler une phase d'apprentissage très importante si vous vous en donnez la peine. C'est d'ailleurs le meilleur moment de trouver des solutions à vos petits problèmes. Mais pour cela, il ne suffit pas d'être aimants et pleins de fougue ; il faut aussi avoir le désir de trouver ces solutions, car elles apparaissent rarement comme par magie. Si vous voulez devenir vraiment intime avec quelqu'un, vous devez commencer par investir dans la relation que vous vivez et chercher très tôt non seulement à découvrir quels sont les besoins, les désirs et les rêves de la personne que vous aimez, mais aussi à lui faire part des vôtres. C'est un gage de succès pour la prochaine étape, la grande transition qui vous amènera à un engagement plus sérieux et, peut-être, jusqu'au mariage.

V

L'amour moderne : L'intimité

De nos jours, avoir une *vie sexuelle* n'est difficile ni pour les femmes ni pour les hommes. Mais avoir une *vie amoureuse* ou, du moins, une vie amoureuse stable, est beaucoup moins facile. Bon nombre d'entre nous le découvrent dès le début d'une relation. Et si nous nous rendons jusqu'au mariage ou à la cohabitation en couple, nous le découvrons inévitablement. Personne ne nous a jamais prévenu qu'être proche d'une autre personne et le demeurer pouvait être aussi compliqué. On ne nous a jamais expliqué non plus que développer une intimité avec quelqu'un était un processus long et inégal qui, avec un peu de chance, pouvait durer toute la vie.

Voici, par exemple, l'histoire d'Anne et Robert, qui vivent ensemble depuis six ans et sont mariés depuis trois ans.

Robert est un courtier en valeurs mobilières de 35 ans, visiblement troublé par les changements survenus dans sa relation avec Anne. C'est le premier mariage de celle-ci, mais le deuxième de Robert, et ils ont un fils de 18 mois. L'une des raisons de l'échec du premier mariage de Robert est que, malgré l'aide d'un conseiller matrimonial, sa première femme et lui ne sont jamais arrivés à se sentir proches l'un de l'autre. Leur vie sexuelle était pratiquement inexistante. Ils ont divorcé et, lorsque Robert a rencontré Anne, il a tout de suite pensé qu'il ne connaîtrait plus jamais ce genre de problèmes.

Robert commença à me relater les faits : « Quand nous sortions ensemble, c'était absolument merveilleux. Anne était amusante, romantique, enthousiaste et sensuelle. Notre relation sexuelle était extraordinaire, pour moi en tout cas, et j'imagine pour toi aussi, dit-il, en se tournant vers Anne, qui acquiesça. Jusqu'à l'an dernier, Anne était toujours très réceptive à mes avances, même les plus saugrenues. Ce n'était pas toujours idyllique, mais en général, nous nous entendions remarquablement bien. »

Il regarda Anne et continua : « Maintenant, tout a changé. Anne est absorbée par son travail et le bébé. Nous ne faisons presque plus jamais l'amour. (S'adressant à Anne :) Si le bébé émet le moindre son ou si tu as un rendez-vous le lendemain matin, si tu es fatiguée ou si *quoi que ce soit,* l'amour ne te dit rien. Bien sûr, il arrive que tu acceptes de temps en temps, mais j'ai l'impression que le coeur n'y est pas. »

Anne a 30 ans. Elle s'occupe du bébé et elle travaille à temps partiel comme secrétaire dans un bureau d'avocats. C'est une jolie femme mince, qui porte des lunettes toutes simples, à monture métallique. Ce jour-là, elle était vêtue d'un ensemble en coton très ample qui lui allait à ravir. Après avoir écouté Robert, elle répondit doucement : « Robert a raison. Au début, c'était merveilleux. Mais la situation était très différente. Nous n'avions pas d'enfant. Nous vivions chacun chez soi et, quand nous nous voyions, il n'y avait que nous deux. Je n'essayais pas de concilier mille et une choses à la fois. »

D'une voix qui me sembla triste, elle continua : « De plus, *à l'époque,* Robert était l'homme le plus prévenant et le plus aimant que j'aie jamais rencontré. Nous passions des heures à parler de tout et de rien. Je savais que le sexe était très important pour lui. Et c'était très agréable pour moi. C'est d'ailleurs encore le cas, mais il est vrai que, maintenant, cela a beaucoup moins d'importance qu'avant. Si je suis fatiguée ou si j'ai l'impression d'avoir toutes sortes de choses à faire, je n'arrive plus à me concentrer. C'est comme si je n'en avais plus envie. »

Anne s'arrêta pour reprendre son souffle et rassembler ses idées. « Robert ne me parle presque plus. Il rentre du travail, m'aide à préparer le dîner, puis il lit ou regarde la télévision. Si je lui demande comment va son travail, il me regarde d'un air blasé et répond : « Oh, ça va. » Il ne me parle jamais de son monde et ne s'intéresse pas au mien.

« Parfois, j'aimerais que Robert s'assoie près de moi et me prenne dans ses bras. Je me sentirais plus proche de lui, plus chaleureuse, plus aimante du seul fait d'être avec lui, dans ses bras. Je ne comprends pas pourquoi c'est tellement différent pour Robert. »

Lors d'une séance subséquente seul avec Robert, je lui demandai de réfléchir aux changements qui étaient survenus dans son comportement depuis son mariage avec Anne et aux effets que ceux-ci pouvaient avoir eu sur elle. Il me dit qu'il travaillait plus fort, qu'il rentrait souvent tard à la maison et passait ses samedis matin au bureau. Il reconnut ensuite qu'il ne téléphonait pas souvent à Anne pendant la journée et qu'ils n'étaient pas sortis seuls ensemble depuis au moins trois mois.

« J'imagine que je ne suis pas souvent à la maison et que, quand j'y suis, je passe beaucoup de temps tout seul. Anne a raison. Je ne lui parle pas souvent, du moins pas autant qu'autrefois. Je me replie sur moi-même. Et je lui en veux d'avoir changé et de ne plus vouloir faire l'amour aussi souvent qu'avant. Quand ça ne va pas, je me ferme comme une huître ou j'éclate, ce qui n'arrange pas les choses. »

J'ai dit à Robert que, sans vouloir le rejeter, Anne était sans doute débordée par ses responsabilités au travail et à la maison, surtout avec un jeune bébé. Je lui ai aussi rappelé que pour Anne, comme pour la plupart des femmes, l'amour physique était probablement étroitement lié à un sentiment d'intimité sans lequel il lui était plus difficile d'être réceptive à ses avances sexuelles.

Pour les aider à se rapprocher, j'ai proposé à Robert d'organiser une sortie en tête à tête avec Anne toutes les semaines. Je lui ai aussi suggéré que s'il avait envie de faire l'amour, il devrait le laisser savoir à Anne plus tôt dans la soirée. Ainsi, si elle était particulièrement fatiguée ou préoccupée, elle pourrait le lui dire ou se mettre à son diapason.

Lorsque Robert proposa à Anne une sortie hebdomadaire, elle en fut ravie. Elle lui avoua combien leurs conversations lui avaient manqué et à quel point il lui arrivait d'être fatiguée. Ils se rapprochèrent peu à peu et les choses revinrent à la normale. Ils avaient réussi à sauver leur relation.

Les différences intimes

Ce couple connaissait le genre de malentendus qui s'insinuent dans une relation bien établie. Rappelez-vous les premiers quiproquos qui surgissent entre hommes et femmes au sujet du sexe et de l'engagement au début d'une relation amoureuse. Eh bien, une fois que ces difficultés sont aplanies et que la relation devient plus sérieuse, il survient inévitablement de nouveaux problèmes liés aux relations sexuelles et à la notion d'intimité.

Revenons à la situation de Robert et Anne. J'ai souligné que pour Anne, un sens d'intimité ne conduisait pas nécessairement au sexe. Il pouvait *y conduire,* mais le seul fait d'être dans ses bras et de se sentir proche de lui la satisfaisait. C'est d'ailleurs le cas pour bien des femmes.

Mais qu'en pense Robert?

La notion que les hommes ont de l'intimité n'a jamais été bien comprise et c'est un sujet dont on discute rarement. Pour la plupart d'entre eux, comme pour Robert, l'intimité et le sexe sont inséparables. Cela n'implique pas, toutefois, que les hommes n'ont de relations sexuelles que lorsqu'ils se sentent très intimes avec une femme. (Au contraire, comme nous l'avons vu, il est très facile pour un homme d'avoir des rapports sexuels totalement dénués d'intimité.) Mais ils ont beaucoup de difficulté à être intimes sans relation sexuelle. L'amour physique *précède* souvent le sentiment d'intimité qu'ils éprouveront par la suite. Pour eux, la sexualité est le fondement de leur rapprochement émotif avec une femme.

Quel beau sujet de malentendu! Pour les femmes, c'est tout le contraire. Elles ont généralement besoin de sentir une certaine complicité avant de s'engager dans une relation sexuelle. Par la suite, des sentiments plus profonds viennent s'ajouter à ces premiers épanchements.

Or, si les hommes ont commencé à comprendre l'attitude des femmes à cet égard, c'est parce qu'elles leur ont laissé savoir. Mais elles sont restées dans le noir quant au point de vue des mâles et je crois qu'eux-mêmes le sont restés aussi.

J'ai essayé d'expliquer tout ceci à Anne après qu'elle se fut plainte amèrement du manque de communication entre Robert et elle. Je lui ai souligné que les hommes se sentent plus ouverts, plus communicatifs et plus intimes lorsqu'ils ont une relation sexuelle heureuse. (Ce qui n'existait plus entre Robert et elle depuis un certain temps.) Je crois qu'elle a compris ce que je voulais dire.

« C'est tout à fait vrai, s'exclama-t-elle ! Robert est souvent beaucoup plus communicatif après avoir fait l'amour. Mais avant que vous ne me le souligniez, je n'avais jamais fait le rapprochement. À bien y penser, c'était pareil quand nous sortions ensemble. Nous faisions d'abord l'amour, puis nous préparions un petit dîner et bavardions pendant des heures. »

Elle sourit et ajouta : « Et souvent, nous retournions au lit et faisions l'amour encore une fois. C'était merveilleux ! »

Pour un homme, l'intimité comprend plusieurs facettes que les femmes saisissent mal.

- La plupart des hommes n'ont qu'*une* personne intime dans leur vie — leur femme ou leur amante. Contrairement à ce que l'on pense, ils ne sont *pas* intimes avec leurs copains. Ceci les rend particulièrement vulnérables et dépendants de leur épouse ou de la femme qui partage leur vie.

- Par conséquent, la plupart d'entre eux se sentent rejetés, abandonnés et perdus lorsque leur partenaire se montre moins attentive et leur consacre moins de temps. Ces sentiments se manifestent le plus souvent par de la colère. Ainsi, « *Où donc étais-tu passée jusqu'à sept heures ?* » peut très bien vouloir dire « *Tu me manques et j'étais inquiet.* »

- Pour toutes les raisons évoquées précédemment, la plupart des hommes savent moins bien que les femmes exprimer leurs sentiments, sauf lorsqu'il s'agit de la colère. Ils ont, en outre, beaucoup de difficulté à parler de tout ce qui touche leur relation amoureuse.

À un moment ou l'autre, la plupart des couples se heurtent à ce genre de problèmes, surtout depuis que les femmes ont des horaires aussi chargés que celui de leur partenaire et qu'elles ne peuvent plus consacrer à ce dernier autant de temps et d'attention.

« Et moi dans tout ça ? »

Julien et Sylvie étaient mariés depuis près de 20 ans quand je les ai rencontrés pour la première fois. Julien venait d'être nommé directeur-adjoint d'un supermarché où il avait gravi un à un tous les échelons, depuis ses débuts comme commis à l'approvisionnement. Il suivait des cours de perfectionnement et semblait très emballé par les responsabilités que lui conféraient ses nouvelles fonctions. Sylvie avait aussi un emploi intéressant dans le domaine de la vente d'ordinateurs. Ils avaient deux enfants de 14 et 17 ans.

Julien commença: «Je ne comprends pas pourquoi c'est si difficile de communiquer avec Sylvie. Il se passe tellement de choses dans ma vie en ce moment. Mes journées sont très remplies. Quand je rentre à la maison le soir, j'ai envie de lui en parler, mais elle n'a jamais le temps. D'abord il faut manger, puis ce sont les enfants qui ont besoin de quelque chose ou le téléphone sonne, et ça n'en finit plus. Sylvie passe au moins une heure tous les soirs à travailler dans ses papiers, si bien que lorsqu'elle est finalement prête à me parler, je ne sais même plus ce que je voulais lui dire. »

Sylvie répondit: «Julien n'est vraiment pas réaliste. Quand il arrive à la maison, tout le monde meurt de faim. Après le dîner, les enfants ont besoin d'un peu d'attention. De plus, il sait très bien que le soir est le seul moment où j'ai le temps de remplir mes bulletins de vente. C'est lui qui m'a encouragée à continuer de travailler, mais il se plaint constamment que je ne suis pas disponible. »

Julien se tourna vers moi et dit d'une voix triste : « Vous savez, Sylvie est très entourée. Elle parle à ses soeurs, à ses amies et même à sa mère, mais elle est la seule personne que j'ai. Si je ne peux pas lui parler, il n'y a personne d'autre. Je me sens abandonné. »

Puis il éleva soudainement la voix. « J'ai dit à Sylvie que j'en avais vraiment assez qu'elle soit aussi égoïste et qu'elle n'ait pas plus de considération pour moi que si j'étais un meuble dans le décor ! »

À *moi,* Julien admet se sentir abandonné, mais il n'exprime que de la colère lorsqu'il parle à Sylvie. En réalité, le problème est que la plupart des hommes ont de la difficulté à reconnaître et à avouer qu'ils se sentent blessés et très seuls. Ils trouvent plus facile de se mettre en colère. Mais leur colère ne fait qu'éloigner les gens et c'est précisément ce qui était en train d'arriver à Julien.

Constamment critiquée, Sylvie commençait à en avoir assez elle aussi. Elle faisait de son mieux pour travailler, s'occuper des enfants et être la femme, l'amie et l'amante de Julien. Mais les exigences de Julien lui semblaient tout à fait déraisonnables et égoïstes.

En raison de la gravité du problème entre Julien et Sylvie, j'ai décidé de parler avec Julien, sans que sa femme n'assiste à la conversation. J'ai découvert que c'était un homme tranquille et peu loquace, qui avait peu d'amis. Sylvie était vraiment sa seule confidente. J'ai alors compris qu'il était très important que Sylvie se rende compte que Julien n'était pas déraisonnable, mais qu'il avait réellement besoin qu'elle l'écoute.

Julien savait que Sylvie ne cherchait pas à l'ignorer. Intellectuellement, il savait que ses fins de journées étaient très chargées et qu'elle devait s'occuper de son travail, de la maison, des enfants et même de leurs amis. C'était d'ailleurs elle qui réglait leur vie sociale et il lui en était reconnaissant. Mais émotivement, il sentait qu'il n'y avait plus de place pour lui.

Nous sommes arrivés à une solution relativement simple qui tenait compte à la fois des besoins de Julien et des responsabilités de Sylvie. Nous avons convenu que la première demi-heure suivant le retour de Julien à la maison leur appartiendrait à « eux ». Maintenant, dès que Julien rentre, ils branchent le répondeur automatique et s'installent ensemble dans le salon pour bavarder et prendre parfois un apéritif. Au bout de cette demi-heure, les autres activités de la soirée peuvent commencer. Le dîner est désormais retardé d'une demi-heure, mais ils reconnaissent tous deux que cela en vaut vraiment la peine.

Le mythe des copains d'abord

La plupart des femmes trouvent facilement le support émotif dont elles ont besoin, car elles se constituent un réseau personnel d'amis intimes ou de parents, particulièrement d'autres femmes, avec qui elles peuvent parler et donner libre cours à leurs émotions. C'est d'ailleurs pourquoi elles sont souvent étonnées d'apprendre que la plupart des hommes n'ont pas ce genre de relations, même ceux qui passent beaucoup de temps avec d'autres hommes.

Mais ces derniers le savent, car s'ils partagent beaucoup d'*activités* avec d'autres hommes, ils passent généralement peu de temps à parler d'*eux-mêmes.*

Beaucoup de femmes diront, par exemple, que lorsqu'elles rencontrent une autre femme pour un déjeuner d'affaires, elles passent 45 minutes à mieux se connaître et 15 minutes à parler d'affaires. Pour les hommes, c'est l'inverse. S'ils parlent d'eux-mêmes avant d'entamer une discussion d'affaires, ils se limitent en général à échanger quelques renseignements personnels — où ils ont étudié, où ils ont travaillé, quelle est leur position actuelle et, plus rarement, s'ils sont mariés et ont des enfants. Puis ils passent immédiatement aux affaires qui les intéressent.

Croyez-vous que les hommes parleraient de ce qui les effraie, les passionne ou les trouble avec un collègue ou une simple connaissance? Jamais de la vie! La seule personne avec qui ils aborderaient ce genre de sujet est la femme de leur vie. Un de mes patients, Donald, un représentant de 45 ans, m'a raconté l'anecdote suivante: «Paul et moi faisons du jogging ensemble deux fois par semaine depuis à peu près un an. Nous courons 8 à 10 kilomètres à un bon rythme. Un dimanche nous avons commencé à nous stimuler l'un l'autre. À la fin, nous étions à bout de souffle, prêts à suffoquer! Je lui ai dit qu'il avait l'air lessivé. Il a acquiescé et m'a dit: «Ouais! Je me suis souvent senti lessivé cette année.»

Paul confia alors à Donald qu'il avait connu de graves ennuis financiers au cours de la dernière année, ayant fait de mauvais placements qui l'avaient presque mis en faillite. Donald lui raconta pour sa part qu'il avait des crises d'angoisse, qu'il était en thérapie et connaissait certains problèmes avec sa femme.

Tous deux reconnurent qu'il était étrange qu'ils aient couru ensemble pendant une année entière sans jamais se parler de leurs problèmes. Paul dit alors: «Si nous avons des problèmes l'an prochain, n'hésitons pas à nous en parler et aidons-nous mutuellement. D'accord?»

«D'accord», avait répondu Donald. À la fin de notre séance ce jour-là, je lui demandai s'il pensait que Paul ou lui-même le ferait. Donald me sourit et répondit: «Bien sûr que non!»

À la vérité, les hommes ne partageront pratiquement jamais leurs sentiments intimes, particulièrement des sentiments *malheureux.* C'est pourquoi ils semblent si souvent avoir des exigences démesurées envers la fem-me qu'ils aiment. Voici, par exemple, ce que m'a racon-té Michel, un dessinateur de 37 ans : « Je n'arrive pas à lui faire comprendre que quand je veux passer du temps avec elle, j'ai tout simplement envie d'être avec elle — pas avec elle et les enfants, ni avec elle et un autre couple, mais avec elle seule. Il n'y a personne d'autre à qui je peux parler. Alors si elle n'est pas là, je suis tout seul. »

Lorraine, une conseillère de mode au début de la quarantaine, a écrit la lettre suivante au sujet de son mari, six mois après avoir assisté à l'une de mes confé-rences sur les problèmes des hommes par rapport à l'in-timité :

C'est vraiment fascinant ! Mon mariage avec François a toujours été heureux, très heureux en fait. Pour cette raison, je faisais de moins en moins attention à lui. Il était toujours en train de proposer qu'on sorte déjeuner ensemble sans les enfants ou qu'on prenne un verre pendant la soirée. Parfois, je disais oui. Cela dépendait de ce qui se passait dans ma vie. Entre le travail, la maison et les enfants, j'étais débordée. Mais j'avais remarqué qu'il devenait plus distant. Nous faisions l'amour de moins en moins souvent.

À titre d'expérience, j'ai commencé à accorder plus d'attention à François. Quand il voulait être seul avec moi, je disais oui. Si ce n'était pas possible immédiatement, je lui expliquais clairement pourquoi et je lui donnais rendez-vous pour plus tard.

Eh bien ! Notre vie a complètement changé ! Je pensais que nous avions une bonne relation, mais maintenant elle est absolument extraordinaire ! François ne m'en veut plus de passer beaucoup de temps au travail, même lorsque je dois partir en voyage quelques jours. Il est beaucoup plus compréhensif qu'avant. Quand je rentre tard à la maison, je le trouve souvent en train de faire quelque chose d'utile, comme vider le lave-vaisselle. Et c'est une première pour François ! Mais le changement le plus heureux se fait sentir quand nous faisons l'amour. C'est incroyable ! Je m'arrange tou-jours pour que nous ayons beaucoup de temps et que ce ne soit pas fait à la sauvette. J'ai parfois même l'impression que j'en éprouve plus de plaisir que lui !

Changer de cap en cours de route

Épouser une femme qui travaille et découvrir plus tard qu'on aimerait passer plus de temps avec elle est une chose. Mais c'en est une autre d'avoir connu un mariage traditionnel avec une femme qui reste à la maison pendant que l'on pourvoit à tous les besoins et de se retrouver avec une femme qui décide de retourner sur le marché du travail une fois les enfants partis de la maison.

De nos jours, bon nombre de couples dans la quarantaine en font l'expérience. Si les hommes en sont souvent déroutés, leur partenaire ne se rend pas toujours compte des conséquences que ces changements produisent dans leur vie.

Prenons l'exemple de Simon et Jocelyne.

Simon est un entrepreneur en construction de 46 ans, marié à Jocelyne depuis 23 ans. Celle-ci a récemment terminé un certificat en informatique et vient de décrocher son premier emploi à temps plein, après avoir passé presque 18 ans à la maison, sans travailler. Simon était content que Jocelyne retourne sur le marché du travail. C'est une femme intelligente qui, à 45 ans, avait besoin de neuf dans sa vie. Après l'avoir soutenue tout au long de son programme de recyclage, il était très heureux qu'elle trouve un emploi. Aujourd'hui toutefois, il a déchanté.

SIMON : Si j'avais su ce qui allait se passer, je n'aurais peut-être pas été aussi enthousiaste quand Jocelyne a voulu retourner travailler. Je me sens coincé. Je sais que Jocelyne travaille très fort et que cela lui demande beaucoup d'énergie. Mais j'ai l'impression que nous nous éloignons l'un de l'autre.

Honnêtement, je ne pense pas que ce soit son travail qui s'insinue entre nous. C'est plutôt la façon dont elle me traite. Je suis le dernier de ses soucis.

D'abord, c'est son travail, ensuite ce sont les enfants, puis, ses amis et sa famille et, en tout dernier, j'imagine que c'est moi.

Hier soir, nous allions passer la soirée ensemble. Nous avions fini de manger tôt et la vaisselle était déjà faite. Il était environ sept heures et demie quand nous sommes passés au salon. Nous n'avions pas fait l'amour depuis des semaines. J'avais débouché une bouteille de vin et mis de la musique d'ambiance. Mais juste comme nous allions nous asseoir, le téléphone a sonné. C'était une de ses amies qui avait un problème quelconque. Jocelyne est allée dans une autre pièce et a bavardé avec son amie pendant — j'ai compté — 45 minutes! Puis, elle est revenue au salon et m'a dit en bâillant: «Alors, où en étions-nous?»

Quand je lui ai dit que ça me mettait en colère qu'elle laisse les problèmes de son amie passer avant notre soirée ensemble, elle a éclaté et m'a accusé de manquer de considération et de n'être qu'un égoïste. Inutile de dire que nous n'avons pas fait l'amour ce soir-là non plus.

Jocelyne est toujours en train de dire combien *elle* est sensible et combien elle s'y connaît au chapitre des relations. C'est peut-être vrai! Mais en ce qui *nous* concerne, elle n'a aucune idée de ce qui se passe!

Je ne sais plus comment la prendre. Elle semble irritée la moitié du temps. Je pensais que les femmes qui recommençaient à travailler se sentaient mieux dans leur peau et que cela améliorait toujours leur relation de couple. Eh bien, laissez-moi vous dire que c'est absolument faux!

Une relation durable et heureuse peut être soudainement menacée lorsque la femme, débordée par son travail, ses enfants, ses amis et sa famille, se montre moins disponible et moins réceptive aux besoins émotifs et sexuels de l'homme de sa vie. Les hommes veulent non seulement avoir la priorité dans la vie de leur partenaire, mais ils tiennent aussi à ce que celle-ci le leur montre de façon tangible.

Beaucoup d'hommes sont consternés du peu de temps que leur partenaire prévoit pour faire l'amour. Ils disent ne plus la reconnaître et la décrivent comme étant toujours fatiguée ou simplement ailleurs. Ils se plaignent qu'elle ne fait attention à eux qu'après s'être occupée de tout le monde, comme s'ils venaient après tout le reste.

Plusieurs hommes d'un certain âge se sentent lésés par les changements survenus dans la vie des femmes. Ils se demandent s'il vaut vraiment la peine que leur femme quitte la maison à sept heures trente le matin, pour rentrer à sept heures le soir, bâiller à huit heures et s'endormir à neuf heures.

Simon m'a confié que les 20 premières années de son mariage avaient été très heureuses. Jocelyne était attentionnée, disponible et affectueuse. Il se sentait vraiment aimé. Mais maintenant, Jocelyne a d'autres intérêts. Son retour sur le marché du travail est pour elle une expérience très positive. Malgré son horaire chargé, elle essaie d'entretenir les mêmes relations avec ses enfants, sa famille et ses nombreuses amies. Mais quand Simon lui demande un peu de temps, elle a l'impression que c'est un fardeau plutôt qu'un plaisir.

Comme les autres hommes dont nous avons parlé, Simon n'a pas le même réseau d'amis que Jocelyne, et la défection de sa femme le laisse particulièrement vulnérable. De plus, Simon est un homme plutôt traditionnaliste. Il n'a pas de « liaisons » à l'extérieur et le manque d'intérêt de Jocelyne pour le sexe est vraiment frustrant pour lui.

Après avoir discuté avec Simon et Jocelyne, nous sommes arrivés aux solutions suivantes :

- Simon a convenu qu'il confiera désormais à Jocelyne qu'il se sent seul, au lieu de se mettre en colère contre elle.
- Pour sa part, Jocelyne a reconnu qu'elle ne pouvait plus être la confidente de toutes ses amies si elle voulait avoir du temps à consacrer à Simon. Elle a décidé de se rendre moins disponible pour elles, afin de l'être davantage pour Simon.
- Enfin, ils ont convenu de mieux planifier leurs moments d'intimité, en reconnaissant que leur vie était maintenant trop compliquée pour qu'ils puissent s'attendre à trouver spontanément le temps d'être ensemble.

Deux ans plus tard, Simon et Jocelyne sont de nouveau heureux ensemble. Le travail de Jocelyne est moins exigeant qu'au début et elle consacre moins de soirées à ses projets. Pour sa part, Simon s'est fait quelques amis et sort avec eux une ou deux fois par semaine. Il fait l'amour plus souvent avec Jocelyne et de façon plus satisfaisante, car elle est moins fatiguée et lui, moins frustré.

À débattre ces questions avec de nombreux couples, je me suis rendu compte que du *temps ensemble* est un élément absolument essentiel, sans lequel toute relation finit par s'effondrer. Pourtant, j'ai remarqué que c'est ce que les couples sont le moins susceptibles de se donner. Ils ramassent quelques miettes de temps ensemble après avoir pris soin de tout le reste.

Or, pour qu'une relation dure, un couple a besoin d'au moins :

1. *Du temps pour parler,* au moins deux fois par semaine et jamais après neuf heures du soir, quand tout

désaccord se transforme en désastre, sans même être passé par le stade de la discussion.

2. *Du temps pour s'amuser.* Beaucoup d'hommes et de femmes ont oublié jusqu'au sens d'avoir du plaisir ensemble et de partager des activités qu'ils apprécient tous les deux.

3. *Du temps pour faire l'amour.* Plusieurs couples se rappellent avec nostalgie combien l'amour était spontané au début de leur relation. De nos jours, nous avons tous un horaire tellement chargé que personne ne trouve plus jamais le temps d'improviser. Planifier l'amour peut sembler bien peu romantique, mais c'est souvent la meilleure solution.

Après m'avoir suivi à travers les dédales des premiers rendez-vous jusqu'à l'expérience aigre-douce de l'intimité, qu'avez-vous vraiment appris? D'abord et surtout, qu'une relation amoureuse est difficile à préserver et qu'il faut sans cesse la cultiver. Deuxièmement, que le monde en transition dans lequel nous vivons ajoute encore au tumulte des émotions. Troisièmement, qu'il faut savoir persévérer et s'adapter pour continuer à former avec une autre personne un couple épanoui.

Ainsi, si vous êtes célibataire et que vous n'arriviez pas à comprendre ce que l'autre veut vraiment, si vous fréquentez quelqu'un et que tout vous semble incroyablement compliqué ou si vous avez une relation intime et que vous vous sentiez dépassé par les exigences que cela entraîne, sachez que vous faites simplement l'expérience des problèmes courants et tout à fait normaux associés à la recherche et au maintien d'une relation amoureuse.

VI

Si elle va à la chasse, pourquoi n'entretient-il pas la case?

Je n'avais pas l'intention d'inclure, dans le présent ouvrage, un chapitre sur les travaux domestiques. Après tout, s'il est une chose qui n'intéresse pas les hommes, c'est bien le *ménage*. Qui veut même en entendre parler? Débarrassons-nous-en au plus vite ou, mieux encore, faisons-le faire par quelqu'un d'autre! Ceci est un livre sur les hommes, et les vrais hommes ne parlent pas de ménage. Ils n'en traitent pas non plus dans leurs écrits.

Alors, pourquoi ai-je changé d'avis? Parce que la question que me posent le plus souvent les femmes après une session de thérapie, ou même spontanément, est: «Comment puis-je convaincre mon mari, mon partenaire ou mon amant de m'aider davantage à la maison?» Bien que ce soit surtout des femmes qui travaillent à plein temps qui me posent cette question, des femmes qui sont aux études, qui travaillent à temps partiel, qui font beaucoup de bénévolat ou qui comptent retourner sur le marché du travail me demandent la même chose. Or, de tous les sujets que je présente devant des auditoires d'hommes et de femmes, c'est le seul qui risque de dégénérer en concours d'invectives de part et d'autre. Chacun semble incapable de comprendre le point de vue de l'autre.

Aux États-Unis, les querelles ayant le ménage comme point de départ sont la principale cause de violence familiale. Lorsqu'il s'agit de travaux ménagers, les hommes et les femmes ne semblent trouver aucun terrain d'entente. Même les mots comme «donner un coup de main» ont une signification différente selon le sexe de l'interlocuteur. Pour les hommes, c'est la manifestation positive de leur désir de participer et d'apporter leur soutien. Pour les femmes, quand un homme accepte de «donner un coup de main» dans la maison, c'est sans enthousiasme et de mauvaise grâce. Elles ont inévitablement l'impression qu'elles ont encore l'entière responsabilité de la tâche qu'il fait.

Lorsqu'une femme dit: «Il faut que je range la vaisselle avant d'aller m'asseoir au salon», elle énonce un fait, tout en révélant indirectement qu'elle est débordée. Mais un homme qui entend ces mots se dit qu'il s'agit d'un comportement compulsif, de priorités mal placées ou d'une tentative de le culpabiliser. Il pense: «On fera ça demain. Laisse faire la vaisselle et viens t'asseoir avec moi.»

Pour les femmes, il est tout à fait logique de croire que comme elles travaillent davantage *en dehors* du foyer, il serait normal que les hommes veuillent en faire davantage à la *maison.* Et les femmes qui travaillent 20, 30 ou 40 heures par semaine et contribuent aux dépenses de la famille ou du couple estiment qu'il est équitable et raisonnable que les tâches domestiques soient automatiquement partagées également.

Les femmes s'étonnent que les hommes n'offrent pas spontanément de les aider (ce qu'*elles* feraient tout naturellement); elles sont perplexes lorsqu'ils se fâchent parce qu'elles abordent le sujet et pleines de ressentiment parce qu'elles doivent sans cesse leur rappeler de faire ce qu'ils avaient convenu. Elles ne comprennent tout simplement pas pourquoi les hommes agissent ainsi! Mais elles veulent désespérément comprendre, trouver un appui et cesser de toujours être en colère!

Comme je l'ai mentionné dans un chapitre précédent, il y a 25 ans, peu de femmes travaillaient. Dans les années 60, les hommes partaient travailler tous les matins, pendant que leurs femmes passaient l'aspirateur et repassaient les chemises, tenant maison comme leurs mères le leur avaient appris. C'était comme ça et personne ne se demandait si les hommes et les femmes étaient heureux dans leurs petits domaines séparés.

Aujourd'hui, la plupart des femmes adultes travaillent à temps plein. Sinon, elles suivent des cours de recyclage dans le but de trouver un emploi, travaillent à temps partiel ou songent à retourner sur le marché du travail. Comme leur mari, elles quittent la maison à sept heures le matin, pour une dure journée de travail, et rentrent aussi fatiguées que lui. Pourtant, la plupart des femmes font encore 85 pour 100 des tâches d'entretien ménager, peu importe le niveau de compétence qu'elles ont atteint dans leur carrière. Ces compétences sur le marché du travail — qu'il s'agisse de savoir préparer un dossier juridique, présider une réunion ou congédier un employé incompétent — ne leur ont jamais permis de délaisser leur rôle social de maîtresse de maison. Les femmes se sentent encore fondamentalement responsables de leur foyer. Pour elles, la maison est un autre milieu de travail.

Les femmes me disent se sentir responsables malgré elles et toujours espérer que l'homme de leur vie assume sa part des responsabilités. Certaines d'entre elles ajoutent même qu'elles seraient contentes qu'il commence simplement par ramasser ses propres affaires. Elles sont contrariées que les hommes n'aient jamais pris leurs responsabilités dans ce domaine et qu'ils semblent si peu disposés à les prendre. Elles ont peine à croire qu'ils puissent être indifférents à leur frustration. En fait, beaucoup de femmes en éprouvent une vive colère, et cette colère a des répercussions sur les relations entre hommes et femmes qu'aucun de nous ne peut ignorer.

Plus je parle avec les femmes, plus je me rends compte à quel point la question des travaux domestiques les frustre. Et plus je parle avec les hommes, plus je constate l'ampleur de l'écart qui existe entre les deux sexes à ce sujet. Les hommes n'arrivent pas à comprendre que les femmes se mettent dans une telle colère à propos d'une chose aussi insignifiante que l'entretien ménager. Ils se disent qu'une cause beaucoup plus profonde et plus importante doit la motiver, mais ils n'arrivent pas à la découvrir.

Mais qu'arrive-t-il quand une femme est en colère? En règle générale, elle la contient et la réprime du mieux qu'elle peut jusqu'à ce qu'une bagatelle déclenche une explosion émotive qui prend la forme d'une tirade irrationnelle. Pourquoi? Parce que, comme toute petite fille, elle a appris qu'elle ne doit jamais se laisser aller à la colère, qui est toujours un sentiment inacceptable. La plupart des femmes ne veulent pas d'ailleurs reconnaître qu'elles sont en colère. Si elles le reconnaissent, elles ont horreur de l'admettre. Pour elles, c'est un sentiment beaucoup trop répréhensible!

Je constate, cependant, que beaucoup de femmes bouillonnent de colère intérieurement, tout en niant qu'elles sont très ennuyées pour une raison particulière. Certaines deviennent déprimées. D'autres présentent des symptômes physiques. D'autres encore se sentent paralysées et incapables de réagir autrement que par des accusations et des condamnations qui n'ont souvent rien à voir avec la source réelle de leur exaspération.

Que font les hommes devant une partenaire déprimée et renfermée qui, leur semble-t-il, se plaint tout le temps? Vous l'avez deviné! *Ils* se mettent en colère! Comme nous l'avons exposé auparavant, la colère est une émotion différente pour les hommes. Dans notre culture, la colère et l'agressivité sont des sentiments acceptables pour les garçons. On les encourage même à les exprimer pour leur apprendre à ne pas se conduire comme des «poules mouillées». Ils ne doivent pas se laisser aller à la sensibilité, à la tristesse et à la peur, car c'est se conduire comme une fille. Encore aujourd'hui, Papa et Maman sourient avec indulgence quand Pierrot protège sa petite soeur contre un vilain garnement, mais lorsque la petite Lili, qui n'a pas plus de six ans, élève la voix, ils disent tout de suite: «Allons, allons, jeune fille!»

Les hommes et les femmes réagissent donc différemment à la colère que suscite le partage des tâches ménagères. Entre elles, les femmes parlent ouvertement de ce dilemme. Mais après quelques tentatives improductives auprès de leur partenaire, elles cessent d'en parler, se replient sur elles-mêmes ou décident d'attaquer. Frustrés par des partenaires trop souvent contrariées, renfermées, irritables ou même explosives, les hommes se mettent à leur tour en colère. Et la ronde continue!

Intellectuellement, les hommes comprennent parfaitement que s'ils veulent avoir une maison et deux voitures, s'offrir des vacances et payer des études à leurs enfants, ils auront besoin de deux revenus. Ils reconnaissent que la contribution financière de leur épouse est nécessaire. De plus, ils se rendent compte que le défi et la satisfaction d'un travail rémunéré réussissent à leur femme, qui devient plus heureuse et plus productive. De nos jours, rares sont les hommes qui pensent que la place d'une femme est à la maison. La plupart d'entre eux encouragent leur femme à travailler et se réjouissent de son succès (sauf, bien sûr, si elle en a *trop* — nous y reviendrons plus tard). Il existe donc aujourd'hui un nouveau préjugé contre les femmes qui ne travaillent pas.

Pour toutes ces raisons, les hommes *savent* qu'il est inacceptable que leur femme soit entièrement responsable de l'entretien de la maison. Logiquement, ils *comprennent* qu'elle ait besoin d'aide et *reconnaissent* qu'aucune tâche n'est essentiellement sexuée (car bon nombre se souviennent que, dans l'armée ou chez les scouts, faire son lit ou nettoyer la caserne n'était pas considéré comme du travail de femme).

Pourtant, ce n'est pas ce qu'ils *ressentent* au fond d'eux-mêmes.

La plupart des hommes considèrent leur foyer comme un refuge où ils reviennent pour se reposer et tout oublier. Pour eux, le ménage n'est qu'un problème marginal qu'il faut résoudre d'une façon ou d'une autre. Ils n'y réagissent émotivement que lorsqu'il n'est pas fait ou que leur femme ou leur amante les contraignent d'y penser.

La grande majorité des hommes (et des femmes) ont effectivement été élevés dans des familles traditionnelles où les rôles de chacun étaient bien établis. Sauf exception, rares sont les hommes qui ont vu leur père faire la vaisselle, changer les couches, laver le plancher ou desservir la table. Papa sortait les ordures ménagères, installait les doubles fenêtres ou ajustait l'antenne de la télévision, tandis que leur mère et leurs soeurs s'occupaient de tâches traditionnellement féminines.

Bien entendu, ces images correspondent davantage aux expériences des hommes plus âgés et dépendent souvent de la vie familiale que chacun traîne avec soi. Cependant, dans leur for intérieur, beaucoup d'hommes veulent encore «une femme comme celle que ce bon vieux Papa a épousée». Mais souhaiter une relation traditionnelle n'est plus conforme à la culture actuelle. Les hommes sont *honteux* de ces sentiments car ils savent que ceux-ci ne sont plus acceptables aujourd'hui. Ils les gardent pour eux, n'en parlant ni à leur femme ni à leur amante, et encore moins à leurs copains.

Pour les hommes, l'entretien ménager est ennuyeux. Ils n'aiment pas le faire et s'ils le font, c'est sans enthousiasme. Ils ne retirent pas autant de satisfaction à laver le plancher de la cuisine qu'à cirer la voiture. Ils ne se vantent d'ailleurs pas de donner un coup de main à la maison, ni à leurs copains ni à d'autres femmes. On les a éduqués pour qu'ils gagnent de l'argent et non pas pour qu'ils passent l'aspirateur ou époussettent. Même s'ils en font davantage qu'autrefois, c'est presque toujours de mauvaise grâce. Socialement, les tâches domestiques sont encore considérées comme un travail de femmes.

«C'est stupide! Je devrais être au-dessus de tout ça, mais je déteste faire un lit! Et je ne sais pas comment. Ce n'est pourtant pas sorcier, mais zut de zut, même si je m'applique, le lit n'est jamais parfait.»

«Quand elle m'a mis un tablier, j'ai explosé. Trop, c'est trop!»

«Quand elle ramasse ses vêtements et laisse les miens, ça m'enrage. Je sais que nous avions convenu que chacun ramasserait ses affaires, mais il y a quelque chose qui cloche dans cet arrangement! Après tout, au moment des déclarations de revenu, je ne remplis pas que la *mienne*.»

En réalité, les hommes participent plus que jamais et de moins mauvaise grâce aux travaux domestiques. Cependant, malgré leur bonne volonté, ils ont, comme les femmes, le sentiment d'être débordés. Ils souffrent de l'équivalent masculin du syndrome de la superfemme, car ils continuent de faire ce qu'ils ont toujours fait : ils travaillent à temps plein ou ils étudient et travaillent en même temps. De plus, ils font maintenant les lits, la cuisine, la vaisselle et les courses.

Les hommes avec qui je discute me disent se sentir coincés par les attentes de plus en plus nombreuses que leur partenaire entretient à leur égard. Ils ont l'impression de se faire constamment réprimander pour ce qu'ils *ne font pas,* au lieu de se faire remercier pour ce qu'ils *font.* Ils me déclarent que les tâches ménagères ne sont pas des choses auxquelles ils pensent naturellement, comme vérifier l'huile dans la voiture. Ainsi, même les hommes qui font vraiment leur part à la maison n'investissent pas autant d'eux-mêmes sur le plan émotif que leur femme ou leur amante. Ils ont l'impression de donner un coup de main et non d'assumer la responsabilité de ce qu'ils font.

Examinons un autre aspect de cette question. Dans le chapitre V, nous avons traité des sentiments de vulnérabilité que les hommes éprouvent lorsque leur partenaire ne semble jamais disponible pour eux. Ces sentiments ont aussi des répercussions dans l'arène domestique. Bon nombre d'hommes ont l'impression de ne récolter que les miettes de temps et d'énergie qui restent à leur partenaire une fois qu'elle a fini de tout ranger. Ils sont contrariés qu'elle ne veuille pas s'asseoir avec eux jusqu'à ce que la dernière assiette n'ait été replacée. Ils se sentent abandonnés quand elle ne veut pas traîner au lit quelques minutes de plus le matin. Le soutien qu'ils croyaient trouver auprès d'elle leur manque. Mais comment réagissent-ils ? Que disent-ils ? Font-ils part de leur sentiment de solitude ? Bien sûr que non ! Ils se mettent en colère. Rappelons-nous que la colère est le seul sentiment qu'un homme arrive facilement à exprimer. Par ailleurs, comment les femmes réagissent-elles? D'abord elles ont peur, puis elles se replient sur elles-mêmes. Or, que font les hommes face à ce retrait? Ils se fâchent davantage.

Voyons les résultats d'un sondage récent dans lequel on demandait à des hommes et à des femmes d'énumérer, par ordre d'importance, la source des problèmes qui surgissaient le plus souvent avec leur partenaire.

- Pour les deux sexes, l'argent venait en premier.
- Pour les femmes, les travaux domestiques, qui n'apparaissaient même pas sur la liste des hommes, venaient en deuxième.
- Pour les hommes, la solitude venait en deuxième, mais n'apparaissait pas sur la liste des femmes.

Que faire? Au début des années 80, quand j'ai abordé pour la première fois le sujet des tâches domestiques, je proposais des solutions pratiques: trouver des moyens de partager les responsabilités, retenir les services d'une femme de ménage ou revoir les exigences de chacun en matière de «propreté». Or, bien que ces solutions soient toujours valables, je me rends compte maintenant qu'elles seront pratiquement impossibles à appliquer tant que les femmes ne seront pas arrivées à mieux comprendre pourquoi les hommes réagissent comme ils le font.

Faisons ensemble la grasse matinée

Jean et Élaine, mariés depuis peu, suivent une thérapie avec moi depuis environ six mois. Il a 34 ans; elle en a 35, et ils en sont tous deux à leur deuxième mariage. Ils sont ensemble depuis deux ans et leurs caractères semblent très bien se compléter. Cependant, ils se querellent souvent à propos de choses aussi banales que la façon dont ils vont passer la matinée du samedi.

Au cours d'une séance, Jean, un grand homme mince, me décrit l'une de leurs récentes querelles : « Élaine et moi travaillons très fort et quand nous rentrons le soir, nous sommes épuisés. Je suis des cours deux soirs par semaine et il m'arrive souvent de rentrer, d'avaler une bouchée en vitesse et de repartir. Quand je reviens à la maison, Élaine dort déjà. De plus, elle doit aller au bureau un samedi sur deux, ce qui ne nous laisse pas beaucoup de temps ensemble.

« J'attends les week-ends avec impatience, car c'est le seul moment qui nous reste. »

Jean se tourna ensuite vers Élaine : « Samedi dernier était une occasion idéale. Je n'avais pas d'examen à préparer, tu ne travaillais pas et nous n'avions rien au programme. La journée aurait pu être parfaite.

« J'imaginais un petit déjeuner au lit, peut-être faire l'amour et ensuite, passer l'après-midi ensemble... »

Élaine l'interrompit : « Mais la maison était sens dessus dessous. Il y avait des vêtements partout dans la chambre, des journaux sur le plancher et nous n'avions même pas fait la lessive de la semaine précédente. Il fallait passer l'aspirateur, et la salle de bains était dégoûtante ! Je voulais seulement passer la matinée à faire un peu de ménage pour pouvoir *me* détendre en toute tranquillité. J'aurais été prête à passer l'après-midi avec toi. Mais quand je t'ai demandé de m'aider, tu as fait une crise et tu es sorti pour discuter d'un travail quelconque avec des copains. Belle coopération ! »

Quand Jean et Élaine sortaient ensemble et discutaient de leur avenir, elle avait été heureuse de constater qu'il était très ouvert au partage des tâches domestiques. « Tu peux compter sur moi », avait-il dit. Et quand ils avaient commencé à vivre ensemble, il lui donnait vraiment un coup de main. Il faisait généralement les courses et aidait Élaine à faire la vaisselle. Il s'occupait de sa lessive et rangeait la chambre à coucher avant d'aller travailler.

Mais Élaine passait quand même plus de temps que Jean à faire la cuisine et le ménage. Ce samedi-*là*, elle aurait voulu en venir à bout. Elle voulait que Jean l'aide à tout remettre en ordre pour qu'elle puisse enfin se détendre et passer une bonne journée. Quand il refusa et sortit bavarder avec ses copains, elle se sentit à la fois déçue et rejetée.

Jean était tout aussi malheureux. Il avait choisi Élaine parce qu'elle était une femme chaleureuse, aimante et affectueuse. Il savait qu'Élaine avait une carrière qui comptait beaucoup dans sa vie, mais qu'elle était toujours prête à consacrer du temps à son compagnon.

Avant leur mariage, elle était toujours disponible et tous les projets de Jean l'enthousiasmaient. Ce samedi-là, il fut blessé qu'elle n'ait pas envie d'être avec lui et qu'elle insiste pour faire du ménage. Il se fichait de l'état de la maison. Il avait envie d'être avec Élaine, mais pas de faire le ménage avec elle.

Afin de mieux comprendre les problèmes de Jean et Élaine, rappelons certaines différences entre les hommes et les femmes. La plupart des hommes sont plus ou moins indifférents au désordre qui règne autour d'eux et ils ne feront du ménage que parce qu'il faut bien en faire de temps en temps. Leurs appartements sont habituellement tout à l'envers, et ils s'en fichent. Lorsqu'ils se marient ou commencent à vivre avec une femme, ils apprécient que leur décor soit plus agréable. Mais ils ne tiennent pas à ce que tout soit parfaitement rangé.

La plupart des hommes veulent bien participer. Mais les mots qu'ils emploient sont éloquents. «Je ferai ma part.» «Je donnerai un coup de main.» «Dis-moi ce qu'il faut que je fasse.» Ils aiment bien que ce soit propre et rangé, mais un peu de désordre ne les perturbera pas émotivement.

Pour la plupart des femmes, leur intérieur est un reflet d'elles-mêmes, si bien qu'elles se sentent souvent physiquement et psychologiquement mal à l'aise lorsque tout n'est pas bien rangé. D'autre part, elles se sentent écrasées par la responsabilité que représente l'entretien d'une maison et s'attendent que leur partenaire fasse sa juste part. Elles interprètent la réticence de leur partenaire à donner un coup de main comme un manque d'égard. Et elles se sentent très contrariées quand il refuse de se rendre à leurs demandes d'aide.

Quand Élaine refusait de se rendre disponible avant que la maison soit en ordre, Jean ne voyait pas d'où venait «le problème». Il voulait simplement retarder le ménage et ne comprenait pas pourquoi cela dérangeait tellement Élaine. Dans ces moments-là, celle-ci le trouvait tellement égoïste qu'elle n'avait même plus envie de passer du temps avec lui.

Comment Jean et Élaine pouvaient-ils sortir de cette impasse?

D'abord, Jean devait comprendre qu'Élaine n'arrive pas à se détendre quand la maison ressemble à un champ de bataille. Élaine devait se rendre compte que l'état de la maison n'a pas le même effet sur Jean. Ce n'est pas elle qu'il rejette, mais son choix de faire passer la propreté avant lui.

Soit dit en passant, il arrive parfois qu'un homme soit plus rangé que sa femme. Cependant, la situation est la même. Si le partenaire qui se sent le plus responsable ou le plus compulsif sait que le désordre aura disparu dans un laps de temps raisonnable, il arrivera plus facilement à se détendre. De la même façon, si le partenaire qui a le plus besoin de passer du temps avec l'autre sait que le ménage se fera rapidement, il sera moins réticent à y participer.

Après en avoir discuté en détail avec Élaine et Jean, nous avons commencé à élaborer des solutions. Nous avons défini des règles de base qui puissent les satisfaire tous les deux. Nous avons d'abord établi qu'un maximum de deux heures seraient consacrées au rangement et au nettoyage de la maison pendant les week-ends. Il fut convenu que Jean aiderait Élaine de bonne grâce avant de penser à quelque activité récréative que ce soit. De son côté, Élaine ne se laisserait plus exaspérer aussi facilement par l'attitude désinvolte de Jean à ce propos et accepterait le fait que le désordre le dérange moins qu'elle. D'un air pensif, Élaine dit : « Quand le désordre commence à lui taper sur les nerfs, il change tout simplement de pièce. C'est étrange, car son apparence est toujours très soignée et il fait laver sa voiture toutes les semaines. Mais il peut passer à côté d'une pile de journaux quatre ou cinq fois sans jamais penser à les ramasser. »

Même si j'ai rencontré des variantes du problème de Jean et Élaine des dizaines de fois dans ma pratique, je n'avais jamais vraiment été convaincu que les femmes « s'identifiaient » à ce point à leur foyer. Cela n'avait aucun sens pour moi (étant un homme, bien entendu).

Ce n'est que lorsque j'ai constaté *de visu* l'importance de cette question que j'ai commencé à la comprendre et à être capable d'aider d'autres hommes à s'en rendre compte.

Refuge pour lui, lieu de travail pour elle

Voici un dernier exemple qui illustre bien ce problème.

Il y a quelques années, j'ai passé une soirée avec un couple vraiment égalitaire. Murielle est une féministe respectée qui dirige un cabinet de consultants en gestion des affaires. Francis est un haut fonctionnaire. Leurs enfants ont quitté la maison. Ils vivent bien, gagnent suffisamment d'argent et chacun fait un travail qui l'intéresse. Ils partagent l'entretien de la maison et n'ont pas d'aide de l'extérieur.

Après le dîner au restaurant, ils m'ont invité chez eux pour le café. Ils venaient de rénover une vieille maison et voulaient me la faire visiter. Ce fut très agréable jusqu'à ce que nous arrivions à la chambre à coucher, qui était sens dessus dessous (comme toutes les chambres qui n'ont pas été faites). Le lit était défait, pyjamas et robes de chambre jonchaient le sol, les tiroirs étaient béants et des tasses et des verres à jus traînaient par terre. La porte de la salle de bains était entrouverte et le désordre régnait là aussi.

Francis continua à m'expliquer avec enthousiasme ce qu'ils avaient fait. Ils avaient installé un puits de lumière, aménagé des espaces de travail pour chacun et transformé une fenêtre inutile en bibliothèque. Il semblait aussi à l'aise dans la chambre en désordre qu'il l'avait été dans le salon reluisant de propreté.

Et Murielle? Elle avait l'air embarrassée et essayait frénétiquement de remettre un peu d'ordre pour rendre la chambre présentable. Je remarquai qu'elle lançait également des regards furieux à Francis.

Nous sommes retournés au salon pour prendre le café (qu'il avait préparé). Pendant la conversation, Murielle loua le sens d'équité de Francis et dit qu'ils avaient toujours eu une vie de couple très équilibrée. Je me dis que c'était le moment de jouer mon rôle de chercheur en psychologie et je demandai à Francis: «Comment t'es-tu senti, tout à l'heure, en t'apercevant que la chambre était complètement à l'envers?»

Francis répondit l'air étonné: «Comment je me suis senti? Pourquoi sentir quoi que ce soit? Nous n'avions tout simplement pas eu le temps de la faire! J'imagine que je n'ai *rien* senti de particulier. De fait, je n'avais même pas remarqué!»

Lorsque je posai la même question à Murielle, elle répondit: «C'est idiot! C'est vraiment ridicule, mais j'étais embarrassée et honteuse, comme si on m'avait surprise à faire quelque chose de mal. J'étais aussi très fâchée contre Francis parce qu'il n'avait pas fait la chambre ce matin. » En se tournant vers lui, elle dit : « Tu sais que c'était ton tour ! »

Francis haussa les épaules et passa à un autre sujet. Pour lui, ça n'avait aucune importance.

Francis et Murielle avaient sûrement vu la même chose. Je suis d'ailleurs convaincu que Francis aurait pu décrire l'état de la chambre aussi bien que Murielle, mais le désordre ne produisait pas sur lui le même effet.

Pour Murielle, le désordre avait un effet psychologique. Elle en aurait été contrariée même si je n'avais pas été là, mais ma présence amplifia son irritation. Elle ne pouvait pas s'en empêcher. Mais le désordre de la chambre laissait Francis parfaitement indifférent. Il l'avait vu, mais, comme la plupart des hommes, il n'y avait pas réagi de la même façon que Murielle ou la plupart des femmes.

Les femmes ont de la difficulté à accepter que les hommes ne réagissent pas comme elles. Murielle ne croyait pas que le désordre de la chambre puisse ne pas déranger Francis. Plus tard dans la soirée, il dit à Murielle : « C'est comme toi avec la voiture. Tu te souviens la semaine dernière quand j'ai vu l'égratignure sur la portière et que j'étais furieux ? Tu l'avais vue aussi, mais ça ne t'avait rien fait du tout. C'est la même chose dans la maison pour moi. Je vois le désordre, mais ça ne me touche pas de la même manière que toi. Ce n'est ni de la méchanceté ni de l'insensibilité. Je ne réagis simplement pas de la même façon. »

Les femmes sont très irritées à l'idée que le comportement d'un homme cache un chauvinisme latent, mais les hommes le sont tout autant lorsqu'ils croient que leur femme maugrée encore pour rien.

Examinons maintenant cette question dans un contexte moins restreint. Dans le chapitre précédent, nous avons vu que les hommes ont peu d'amis très intimes. Quand leur femme les néglige un peu, ils se sentent abandonnés. La situation devient encore pire lorsqu'elle a une carrière très accaparante, une vie sociale bien remplie et des relations étroites avec sa famille, ses collègues et divers amis. Un homme a toujours beaucoup de difficulté à accepter de ne pas passer en premier dans la vie de la femme qu'il aime.

En règle générale, les femmes ne comprennent pas que les hommes ont, d'abord et avant tout, besoin de leur attention et de leur présence. Ceux-ci ne savent pas comment le leur dire et elles ne semblent pas vouloir le comprendre. Voici l'anecdote que m'a racontée une femme qui déploie beaucoup d'efforts pour tout concilier et préserver à la fois son travail et son mariage.

Le week-end dernier, je pense que j'ai finalement compris ce que vous vouliez dire par le besoin des hommes de sentir la présence de leur partenaire dans leur vie. Nous recevions à dîner et je m'étais arrangée pour que ce ne soit pas trop compliqué. Mes invités apportaient le dessert, la salade était déjà préparée et il ne restait plus qu'à réchauffer le plat principal.

Michel regardait le match de football à la télévision et il y avait encore la nappe et les serviettes de table à repasser. J'ai donc installé la planche à repasser devant le téléviseur et demandé à Michel s'il ne voulait pas repasser pendant qu'il regardait le match. Il sembla étonné mais accepta. J'étais bien contente, car j'avais obtenu qu'il me donne un coup de main sans que cela ne l'indispose. Je montai lire dans notre chambre.

Quelques minutes plus tard, Michel monta et me demanda de me joindre à lui. Il sait que je n'aime pas le football, mais il me dit: «Tu peux regarder la télé ou lire ou même faire une sieste si tu veux. J'ai simplement envie que tu sois avec moi *et* je veux que tu aies envie d'être avec moi. »

Michel m'avait déjà dit ce genre de chose, mais je n'avais jamais vraiment compris. Je dois avouer que nous nous entendons mieux depuis un certain temps, car il m'aide davantage et je suis moins souvent en colère contre lui.

Quand je lui en ai parlé, Michel m'a répondu : « Si je t'aide, c'est pour que tu sois plus disponible. Pourquoi penses-tu que je fais tout ça ? Pas parce que j'en ai envie, mais parce que si tu es moins contrariée et plus chaleureuse, ça vaut la peine. »

Les hommes parlent de leur solitude. Ils se plaignent souvent que leur partenaire manque de disponibilité. Ils ont l'impression d'être le dernier de ses soucis et ne comprennent pas pourquoi elle laisse tout le reste passer avant eux. Ils ont besoin qu'on prenne soin d'eux. En plus d'amour et de passion, les hommes veulent la compagnie de la femme qu'ils aiment. C'est, selon la plupart des hommes, ce qui leur manque le plus !

Le fera-t-il ou ne le fera-t-il pas ?

Toutes les prévisions montrent clairement que les femmes vont continuer à travailler hors de leur foyer. La plupart des couples n'ont pas les moyens d'engager quelqu'un pour cuisiner, faire le ménage, la lessive et le repassage. La femme doit-elle tout faire ? Sinon, quelles sont les probabilités qu'il l'aide ? Voici une liste qui vous aidera à déterminer les facteurs qui influenceront la volonté de votre partenaire à « entretenir la case ».

La disponibilité de sa partenaire. Les hommes veulent et ont besoin de sentir qu'ils occupent une place spéciale dans la vie de la femme qu'ils aiment. Comme ils ont peu de sources de soutien moral, leur partenaire doit leur faire sentir qu'elle a besoin d'eux, sans quoi ils se sentiront isolés et laissés pour compte. Les hommes ont besoin qu'on prenne soin d'eux, mais ils ont aussi besoin de sentir que l'on tient à eux.

Quand ils en ont la certitude, ils donnent davantage en retour. Bien qu'ils n'aiment pas les travaux ménagers (les femmes ne les apprécient guère plus), ils seront plus disposés à les faire s'ils sentent qu'ils y gagnent quelque chose. Pour eux, la récompense que leur vaut une participation accrue aux tâches domestiques est la plus grande disponibilité de leur partenaire.

L'âge et l'histoire de son mariage. Les hommes dans la vingtaine et au début de la trentaine ont grandi en sachant que leur partenaire travaillerait et qu'ils auraient à faire les courses, préparer les repas et faire la lessive. Pour eux, c'est une situation normale.

Les hommes dans la quarantaine et dans la cinquantaine qui ont grandi dans des foyers traditionnels et qui ont connu des mariages conventionnels auront plus de difficulté à s'adapter non seulement à l'absence de leur épouse, mais aussi aux attentes que celle-ci entretiendra à l'égard de leur participation aux travaux domestiques. Les jeunes couples ont d'habitude des relations beaucoup plus égalitaires, du moins jusqu'à la naissance de leur premier enfant, après quoi il devient souvent nécessaire de tout renégocier. (Voir à ce sujet le chapitre VII.)

Selon qu'il considère ou non l'entretien de la maison comme une manifestation de l'attachement de sa femme pour lui. On dit souvent que la préparation de petits plats exprime mieux que tout l'amour d'une femme pour son mari. Si un homme fait (consciemment ou non) ce lien, le fait que sa femme en fasse moins pour lui à la maison lui donnera le sentiment qu'elle le néglige. Toutefois, une discussion honnête et ouverte aidera à éclaircir la situation. La plupart des hommes seront plus confiants s'ils comprennent que leur femme ne les aime pas moins, mais qu'elle a trop à faire et trop peu de temps pour le faire. À moins qu'il soit un traditionnaliste endurci, il acceptera cette explication et l'aidera de bonne grâce.

La mesure dans laquelle il l'encourage dans sa carrière. Beaucoup d'hommes sont contents que leur femme travaille et ne soit plus une ménagère à temps plein. Dans les cas où les hommes comprennent et appuient leur partenaire, ils sont davantage disposés à faire leur part et à l'aider sans qu'on ait à le leur demander.

Dans quelle mesure participe-t-il? L'entente la plus difficile à établir est celle qui exige que l'homme prenne la responsabilité de l'entretien ménager. Les résultats de recherches effectuées par Philip Blumstein et Pepper Schwarts, publiés dans *American Couples* (voir les lectures recommandées), nous montrent que plusieurs hommes éprouvent beaucoup de ressentiment lorsqu'on s'attend qu'ils en fassent «trop». Bien qu'il existe quelques hommes qui restent à la maison, ils forment une minorité minuscule et atypique. La plupart des hommes veulent bien «donner un coup de main» pour l'entretien ménager, mais ils ne veulent pas en assumer la responsabilité.

Qu'ils soient très conformistes ou plus libérés, ils préfèrent de beaucoup engager quelqu'un pour le faire, car leur définition du rôle masculin empêche la plupart d'entre eux de se sentir à l'aise comme principal responsable des travaux domestiques.

Sa mère travaillait-elle ou suivait-elle des cours? Les hommes dont les mères travaillaient ont tendance à penser qu'il est normal plutôt qu'anormal que leur partenaire travaille. Il y a de fortes chances non seulement qu'ils aient été obligés de devenir autonomes plus tôt, mais aussi qu'ils aient été témoins d'un certain partage des tâches, ce qui les rend plus ouverts à cette réalité.

Bien entendu, le principal facteur de leur acceptation est l'influence paternelle.

Que faisait Papa? Les modèles de notre enfance sont toujours très importants. Si Papa considérait la maison comme son fief et s'attendait qu'on ramasse derrière lui, son fils aura tendance à estimer que c'est là le comportement qui sied à un mâle. D'autre part, si Papa faisait les courses, lavait la vaisselle après le dîner sans rouspéter (avec l'aide des enfants) et savait passer l'aspirateur le samedi matin, son fils trouvera que c'est un comportement normal pour un homme.

Dans quelle mesure aidait-il étant enfant? Faisait-il son lit? Mettait-il ou desservait-il la table? Faisait-il la vaisselle? Balayait-il le plancher de la cuisine? Les hommes qui ont grandi en accomplissant toutes ces tâches présenteront un esprit beaucoup plus ouvert que ceux qui n'ont eu aucune de ces responsabilités et ont toujours été servis par leur mère et leurs soeurs.

Bien que les hommes soient souvent réticents à faire les courses, la cuisine et l'entretien de la salle de bains, ils commencent à montrer un certain enthousiasme dans d'autres domaines, particulièrement dans leur rôle de père.

VII

Dans la pouponnière

De nos jours, de plus en plus d'hommes vont reconduire les enfants à l'école ou à la garderie. Il est aussi courant de voir des pères que des mères assister aux réunions de parents à l'école et aider les enfants à faire leurs devoirs. Aujourd'hui, les pères amènent les tout-petits à la piscine communautaire, leur mettent leur maillot de bain et aident les instructeurs de natation à leur enseigner la sécurité aquatique.

D'autre part, les hommes nourrissent les bébés, changent les couches et accompagnent les enfants chez le pédiatre. Il n'est plus rare de voir un homme pousser un landau, faire du jogging avec un bébé sur le dos ou faire les courses avec un enfant assis dans le panier à provisions. Certains d'entre eux quitteront même leur travail plus tôt pour assister à une représentation scolaire.

Pourquoi? Deux grands changements sociaux ont contribué à sensibiliser les hommes à leur rôle de père, à savoir le nombre toujours grandissant de femmes sur le marché du travail et la fréquence des divorces.

Même dans la plupart des familles unies, la femme travaille hors du foyer. Si maman est occupée le soir, pendant les week-ends ou un jour que l'enfant est malade, papa prend la relève. S'il survient un divorce, on s'entend habituellement pour une garde partagée. Ainsi, bon nombre de pères s'occupent plus de leurs enfants après, qu'avant le divorce. En fait, les divorces ont entraîné l'apparition d'un nombre accru de familles monoparentales dirigées par des hommes.

Mais il n'y a peut-être pas que les divorces qui ont joué. Le seul rôle de soutien de famille perd peu à peu de son attrait et nombreux sont les hommes qui veulent passer plus de temps avec leurs enfants. S'il y a des hommes qui s'intéressent à leur rôle de père seulement parce que c'est à la mode, la plupart veulent réellement être davantage présents dans la vie de leurs enfants. Ils se rappellent qu'ils n'ont jamais eu la chance de connaître leur père aussi bien qu'ils l'auraient souhaité.

Mais à mesure qu'ils en font l'expérience, les hommes découvrent que le rôle de parent comporte sa part de problèmes. Comme les femmes qui arrivent sur le marché du travail, les hommes qui doivent commencer à prendre soin d'un enfant se sentent perdus dans un monde inconnu. Ils ne comprennent pas les valeurs, les règles et les attentes de ce monde, qui avait été, jusqu'ici, presque exclusivement réservé aux femmes.

La paternité est un sujet beaucoup trop vaste pour que je puisse l'explorer en détail dans un seul chapitre. Toutefois, il existe d'excellents ouvrages sur ce sujet, dont *Birth of a Father,* de Martin Greenberg, et *Good Morning, Merry Sunshine,* de Bob Greene, qui figurent sur la liste des lectures recommandées, à la fin du présent ouvrage. Ce chapitre portera plus particulièrement sur les sentiments des hommes face à leur paternité et sur ce qui se passe entre les femmes et les hommes lorsque ces derniers se consacrent plus activement à leur rôle de parents.

Les problèmes qui surgissent dans une relation lorsque papa s'en mêle

Beaucoup d'hommes se rendent compte que la *réalité* de s'occuper d'un enfant est très différente de ce qu'ils avaient *imaginé* avant la naissance du bébé. Malgré toutes leurs bonnes intentions, les hommes s'aperçoivent après coup qu'ils ne savent pas comment s'y prendre ou même, qu'ils n'ont plus très envie de jouer au papa. Souvent, ils n'osent pas avouer ce qu'ils ressentent à leur partenaire. Encore une fois, ils ne font pas ce qu'ils avaient convenu !

Comment les femmes réagissent-elles face à de telles contradictions ?

Les hommes et les femmes ne se comportent pas de la même manière avec les enfants, surtout lorsqu'ils sont tout petits. Les femmes ont tendance à cajoler, bercer et gazouiller, tandis que les hommes ont envie de jouer. Les mères peuvent passer beaucoup de temps avec leurs enfants, mais les pères sont plus à l'aise dans des interactions plus ponctuelles et plus spécifiques. Et même si les deux parents sont novices dans le domaine, ce sont habituellement les mamans qui enseignent aux nouveaux papas comment s'occuper du bébé. Comme la plupart des hommes n'aiment pas qu'on leur dise quoi faire, nombreuses sont les femmes qui ne se sentent pas très rassurées par la façon dont leur compagnon s'occupe du bébé.

Qu'arrive-t-il habituellement ?

En fait, même si les hommes participent de plus en plus au soin des enfants, ils ne sont pas encore prêts à être des parents « égaux ». De plus, même s'ils le voulaient, les contraintes du marché du travail et l'importance de réussir leur carrière rendent cet état de choses peu probable.

Peut-on espérer des changements ?

Bien qu'un plus grand nombre d'hommes jouent davantage leur rôle de parent, il y en a d'autres qui veulent encore que leur femme élève leurs enfants. Et la plupart des femmes mariées à ce genre d'hommes rêvent uniquement que leur partenaire change d'attitude.

Est-ce possible?

Examinons d'abord ce qui arrive quand un homme découvre qu'il s'est entièrement trompé sur ce en quoi consiste le rôle de parent. Malgré toutes ses bonnes intentions, il se retrouve devant une situation qui le dépasse totalement. Prenons le cas de Suzanne et Henri.

Je voudrais pouvoir compter sur toi

Suzanne a 35 ans et étudie pour devenir agent immobilier. Elle m'a décrit ce qui s'était passé le week-end précédent. Henri était à ses côtés.

«Il sait que je travaille très fort pour réussir cet examen. Nous avions convenu qu'il s'occupe d'Ariane dimanche après le petit déjeuner. Je lui ai dit qu'il fallait absolument que je me libère pour rencontrer mon groupe d'étude. Tout était arrangé.

«En finissant son café, il m'a demandé à quelle heure je reviendrais. Je lui ai dit que je rentrerais à treize heures, comme convenu. En voyant son air découragé, j'ai ajouté que j'essaierais de rentrer un peu plus tôt. Mais en mon for intérieur, je bouillais. C'était la première fois que je me réservais un peu de temps pour moi et, déjà, il se plaignait!»

Suzanne éleva la voix et continua: «Puis, comme je me préparais à partir, il est venu dans la chambre et m'a demandé: «Qu'est-ce que je dois faire avec elle?» J'étais furieuse. Je le lui ai répété *encore une fois*: «Fais-la manger, fais-lui faire un petit dodo et quand elle se réveillera, amène-la faire une promenade.»

«Il m'a dit: «La faire manger? Qu'est-ce que je devrais lui donner?»

Elle se tourna vers Henri: «Oh! Henri, quand même! Nous en avions parlé tant et plus et j'avais même écrit sur un papier ce que tu devais lui donner à manger. Puis tu as commencé à me faire ton numéro. Sur le coup, j'étais très fâchée et je le suis encore.»

Henri et Suzanne ne sont pas le genre de couple qui fait un enfant sans y penser. En discutant avec eux, j'ai découvert qu'ils en avaient parlé pendant près d'un an avant de se décider.

Suzanne avait fait comprendre à Henri que s'ils avaient un enfant, elle aurait besoin de son aide. Ils étaient d'accord qu'elle continue à travailler dans le domaine de l'immobilier, à la fois parce qu'elle le désirait et qu'ils avaient besoin de son salaire. Henri était tout à fait d'accord et l'avait assurée qu'il avait vraiment hâte d'avoir des enfants. Avant la naissance du bébé, Henri avait dit à Suzanne qu'il pensait faire un très bon père. Il avait ensuite ajouté qu'il voulait donner beaucoup d'amour et d'affection à leur futur bébé.

Pendant la grossesse de Suzanne, Henri avait été parfait. Il l'accompagnait à ses cours prénatals et l'aidait à chercher une garderie. Il avait choisi le berceau, était allé chez le médecin avec elle et, un mois avant l'accouchement de Suzanne, il avait assisté à une conférence pour futurs parents.

Que s'est-il passé?

Henri dit alors: «Eh bien, je ne suis pas certain de bien comprendre le problème, mais j'en ai une petite idée. Suzanne a raison au sujet des faits, mais je pense qu'elle ne raconte pas tout.»

Il se tourna vers Suzanne et lui demanda: «Pourquoi n'as-tu pas dit que j'avais passé la semaine à te demander de m'expliquer comment prendre soin d'Ariane?

Pourquoi n'as-tu pas dit que chaque fois que je prends le bébé, tu me dis que je n'ai pas le tour? Tu m'as même dit que tu avais peur que je l'échappe. »

Henri s'agitait et parlait de plus en plus vite: «D'accord, peut-être que je ne sais pas m'y prendre, mais je n'ai pas l'habitude.

«C'est vrai que j'étais ambivalent dimanche matin. Premièrement, ton groupe devait se rencontrer vendredi soir. Puis, à la dernière minute, tu as changé d'idée ou il s'est passé quelque chose, je ne sais plus... »

Suzanne voulut prendre la parole, mais Henri leva la main et dit: «Je l'ai observée lorsqu'elle se préparait à partir. Elle devenait de plus en plus nerveuse. »

Puis, il se tourna vers Suzanne et poursuivit: «C'est vrai. Tu as pris ton air crispé et tu as commencé à faire toutes ces petites choses qui trahissent ton énervement. Tu as empilé tes livres, puis tu t'es mise à ranger des choses d'un air parfaitement tendu, comme si le monde allait s'écrouler. Tu as fini par m'énerver moi aussi. »

Henri s'adressa de nouveau à moi: «Alors je me suis dit que ce serait mieux que je m'assure que j'avais bien compris ce qu'il fallait faire. J'ai demandé à Suzanne à quelle heure elle pensait rentrer parce que je voulais que les choses soient bien claires. Elle m'a littéralement sauté à la gorge.

«Quand je lui ai demandé ce que je devais faire, j'étais sincère. Nous avions convenu que je garde Ariane vendredi soir. Je ne suis jamais resté avec le bébé pendant le jour. Je ne savais vraiment pas quoi faire. »

Suzanne l'interrompit: «Comment peux-tu dire que tu ne sais pas quoi faire? Elle a déjà *deux mois*. C'est ta fille à toi aussi. Tu ne passes presque pas de temps avec elle. Tu la prends pendant cinq minutes et dès qu'elle commence à pleurer, tu me la donnes ou tu la rends à la gardienne. »

Henri avait dit tout ce qu'il fallait dire. Il avait même pensé tout ce qu'il fallait penser. Il se rappelait son enfance, la tendresse de sa mère et sa relation avec son père. Henri était dérouté de ne pas éprouver, dès les premiers jours, des sentiments très élevés envers ce petit bébé qui était à lui. De son côté, Suzanne lui semblait tellement à l'aise, tellement heureuse!

À son grand désarroi, le seul sentiment qu'il avait éprouvé était la *peur*.

Henri avoua: «Ce qui m'a le plus étonné, c'est à quel point je me suis senti paralysé quand Suzanne m'a mis Ariane dans les bras pour la première fois. J'ai pensé que je pourrais effectivement l'échapper.

«Puis j'imagine que je l'ai serrée trop fort et elle s'est mise à pleurer. J'ai été encore plus paniqué et je l'ai rendue à sa mère.

«Suzanne avait l'air soulagée de la reprendre et Ariane semblait contente de s'éloigner de moi. Je pense que c'est ainsi que cela a commencé. J'étais mal à l'aise et je le suis encore.»

Comme plusieurs autres jeunes couples, Suzanne et Henri se sont sentis dépassés par la situation. Suzanne s'est sentie, quant à elle, trompée, déçue et abandonnée par Henri. La réalité était bien différente de ce qu'Henri lui avait laissé espérer.

Henri était sincère quand il avait dit qu'il avait hâte que le bébé naisse et qu'il avait l'intention de s'en occuper. Mais il ne pouvait pas prévoir quelle serait sa réaction quand arriverait le moment de le faire — sa maladresse, son trouble, sa frustration. Et il ne lui était jamais venu à l'esprit d'en parler à Suzanne. Au début, il n'en avait même pas conscience et, quand il s'en était finalement rendu compte, il en avait eu honte.

En entendant Henri parler de ses appréhensions, Suzanne avait pu mieux comprendre sa situation et parler plus librement de ce qu'elle vivait. Leur colère respective était tombée et avait ouvert la voie à une meilleure communication entre eux.

Quand ils furent calmés, j'expliquai à Suzanne et à Henri qu'ils faisaient l'expérience de problèmes très courants pour de nouveaux parents et, qu'au lieu d'en parler, ils s'étaient blâmés mutuellement, comme bien des couples ont tendance à le faire.

Dans les circonstances, Henri devait faire comprendre à Suzanne qu'il se sentait maladroit et incompétent avec Ariane. Jusqu'à maintenant, au lieu de le lui avouer, il avait choisi de ne pas s'en occuper. Pour sa part, Suzanne avait présumé qu'Henri savait aussi bien qu'elle s'occuper d'un bébé. Devant ses réticences, elle avait conclu qu'il se dérobait à son rôle de père et faisait tout le contraire de ce qu'il lui avait déclaré auparavant. Elle lui en avait voulu, tout en se sentant angoissée et frustrée.

Au cours des mois qui suivirent, Henri, Suzanne et Ariane commencèrent à mieux s'entendre. Selon leur propre évaluation de la situation, la clé de leur entente fut une meilleure compréhension de la façon dont ils avaient vécu, chacun de leur côté, l'arrivée d'Ariane dans leur vie. Ils avaient appris à mieux communiquer et à rire de leurs différences. D'après ce que j'ai pu comprendre, Henri s'est beaucoup attaché à sa fille. Il lui a simplement fallu plus de temps qu'à Suzanne. Il a appris à jouer avec elle et à prendre soin d'elle sans la «surveillance» de Suzanne. Et à mesure que ses craintes se sont atténuées et qu'il a commencé à se sentir plus sûr de lui, les frustrations de Suzanne ont disparu.

Beaucoup d'hommes sont mal à l'aise avec des nouveau-nés

Que pouvons-nous apprendre de Suzanne et Henri? Eh bien, d'abord, que bon nombre d'hommes sont moins à l'aise que les femmes lorsqu'il s'agit de prendre soin d'un bébé naissant. Pourquoi il en est ainsi demande réflexion. C'est sans doute parce que les femmes ont généralement plus d'expérience avec les enfants que la plupart des hommes, car elles se sont souvent occupées de leurs frères et soeurs cadets et ont gardé des enfants étant adolescentes. Même aujourd'hui, les parents préfèrent faire garder leurs enfants par une fille que par un garçon. Ainsi, les femmes se sentent plus à l'aise et sont plus compétentes que leur partenaire à la naissance de leur premier bébé. On dit même que les jeunes mères sont moins tendues avec leur bébé car elles ont vécu une expérience prénatale de neuf mois que les pères ne pourront jamais partager entièrement.

Quand elles ont un problème ou simplement une question au sujet de leur bébé, les femmes peuvent facilement trouver conseil auprès d'amies, ou alors elles disposent d'un nombre incalculable d'articles et de revues féminines qui traitent des enfants et des soins à leur apporter. Si quelque chose au sujet du bébé avait préoccupé Suzanne, par exemple, elle n'aurait certainement pas hésité à demander conseil à une amie ou à une autre maman.

Cependant, si Henri s'était posé la même question, surtout en l'absence de Suzanne, il ne lui serait jamais venu à l'esprit de demander conseil à un de ses amis ou à un autre père. Les hommes ont plutôt tendance à demander l'avis de leur femme ou de leur mère, et ils s'adresseront rarement à une autre mère et jamais à un autre père. Les revues qui s'adressent à eux contiennent rarement des articles sur l'art de jouer leur rôle de père. En effet, les revues masculines ne s'intéressent généralement pas à ce qui touche les relations humaines, quelles qu'elles soient. Sauf exception, les hommes lisent des articles sur les affaires, les sports, les chaînes stéréo et le sexe, mais pas sur les bébés ou les enfants.

Tous les nouveaux parents comme Henri et Suzanne subissent, chacun à sa manière, les pressions et la fatigue qui accompagnent la naissance d'un enfant. Avec un nouveau-né, surtout quand c'est le premier, il est facile de faire porter le poids de sa frustration à son partenaire. Pourtant, en discuter et prendre le temps d'exprimer ses sentiments et ses pensées auraient évité bien des malentendus !

Finalement, il faut dire (sans être condescendant) que les nouveaux papas ont souvent besoin d'une période d'adaptation avant d'être vraiment capables de prendre soin de leur bébé. Au début, comme ils se sentent habituellement très maladroits, ils ont tendance à mieux s'en tirer lorsqu'ils ne sont pas responsables du poupon plus de deux heures à la fois et que tout a été prévu, c'est-à-dire que maman ou la gardienne leur a expliqué en détail ce qu'ils devaient faire. Avec le temps et plus d'expérience, ils deviennent plus sûrs d'eux et peuvent s'occuper seuls du bébé pendant de plus longues périodes.

Je le fais à ma façon

Dans certains cas, les hommes se heurtent à des attentes très rigides de la part de leur partenaire qui veut qu'on fasse exactement comme elle. « Tu le fais comme moi, parce qu'autrement tu ne le fais pas bien ! » Sans l'exprimer de manière aussi directe, voilà le message que les femmes transmettent à leur partenaire. Inutile de dire que les hommes n'apprécient guère ce type de message. Voici l'exemple de Thomas et Margot.

Thomas est un expert-comptable de 42 ans. Avec ses cheveux en broussaille et sa grosse moustache, c'est un homme qui paraît peu soigné, même quand son costume est fraîchement pressé. Margot est une belle grande brune. Elle a 43 ans et elle travaille comme vétérinaire dans la pratique privée depuis plus de 10 ans. Après avoir assisté à l'une de mes conférences sur les différences entre les hommes et les femmes, elle m'a téléphoné pour prendre rendez-vous. Elle s'est présentée à mon cabinet accompagnée de son mari.

Elle commença: «Je suis inquiète pour nos enfants. Nous avons une gardienne à temps partiel, ce qui aide beaucoup, mais je ne crois pas que celle-ci puisse remplacer des parents. Quand je ne travaille pas, je suis avec eux. Mais Thomas... enfin, on dirait que ça ne l'intéresse pas. Je pense qu'il devrait passer plus de temps avec les enfants. Après tout, ils ont autant besoin de leur père que de leur mère. »

Thomas s'interposa sans invitation: «Margot ne cesse de me dire que je n'en fais pas assez, que je ne passe pas assez de temps avec eux et, même quand je suis avec eux, il paraît que je ne fais pas ce qu'il faut. Je ne sais pas ce qui la ronge, mais je commence à être très ennuyé par ses critiques continuelles. Honnêtement, je pense que Margot se sent coupable de travailler autant et de ne pas avoir plus de temps pour les enfants. »

J'ai demandé à Margot combien de temps elle passait avec ses enfants.

«Quand je ne travaille pas, je suis avec eux. »

J'ai insisté pour savoir à quoi cela équivalait.

«Presque tous les soirs, habituellement le samedi et une partie de la journée du dimanche. »

Thomas acquiesça. Puis je lui posai la même question.

«En fait, je pense que je suis avec eux aussi souvent que Margot. »

«Mais tu n'es pas vraiment avec eux! » répliqua doucement Margot.

«Mais bien sûr que je suis avec eux! » répondit Thomas.

Je leur demandai de me donner des explications plus précises. Thomas et Margot étaient arrivés à un arrangement qui me parut bien équilibré. Le lundi et le mercredi soir, Thomas s'occupait des enfants après le dîner. Le mardi et le jeudi soir, c'était le tour de Margot. Pourtant, cette solution ne semblait pas répondre aux attentes de Margot.

Margot dit : « C'est vrai que Thomas les prend en charge, mais il n'est pas vraiment avec eux. Il est seulement dans la même pièce. Le petit de quatre ans regarde la télé, celui de sept ans fait ses devoirs et Thomas lit le journal. »

Thomas répondit : « Tu sais, non seulement tu veux contrôler ce que *tu* fais avec les enfants, mais tu veux aussi décider de ce que *je* fais avec eux. Justin est très content de regarder la télé et je suis prêt à aider Marc au cas où il aurait besoin de moi. Je vérifie toujours ses devoirs quand il a fini.

« Ce qui m'ennuie le plus, c'est que tu viennes me surveiller sans arrêt. Pourquoi ne vas-tu pas faire des courses ? Pourquoi ne fais-tu pas un peu de lecture ? Pourquoi ne sors-tu pas de la maison pendant quelques heures ? »

Les hommes et les femmes font des parents très différents

Les hommes se disent satisfaits de participer à des activités parallèles à celles de leurs enfants. Par exemple, ils peuvent lire le journal, tout en se gardant disponibles pour aider leurs enfants à faire leurs devoirs. Ils laissent les petits jouer près d'eux pendant qu'ils regardent la télé. Ils leur donnent de l'attention dès qu'ils en réclament et les laissent ensuite retourner s'amuser seuls.

Mais la plupart des femmes ont tendance à passer beaucoup plus de temps à occuper les enfants et à les amuser. Elles s'installeront volontiers à côté d'eux pour les aider dans leurs devoirs et joueront à leurs jeux *avec eux*. Très souvent, les femmes s'attendent (ou exigent) que les hommes fassent la même chose et s'indignent de leur indifférence envers leurs propres enfants, lorsqu'ils refusent de le faire.

En règle générale, les hommes se rebellent contre ces attentes ou ces ordres péremptoires, surtout lorsque leurs enfants leur semblent parfaitement heureux. Puis ils se fâchent, et toute la question du genre d'attention dont les enfants ont besoin devient un jeu de pouvoir entre les parents.

Margot voulait que Thomas s'occupe des enfants comme elle l'aurait fait elle-même, et Thomas voulait agir à sa façon. Il lui en voulait de son intrusion dans ses rapports avec ses enfants. Il en avait assez de ses critiques continuelles. Margot se sentait coupable de ne pas consacrer plus de temps à ses enfants et elle ne comprenait pas que Thomas puisse ne pas éprouver le même sentiment.

En me tournant vers Margot, je me rendis compte qu'elle avait cessé d'écouter Thomas depuis longtemps. Ce dernier n'écoutait d'ailleurs plus sa femme. C'était une conversation trop souvent répétée, au cours de laquelle chacun commençait toujours par blâmer l'autre !

Il faut que tu changes !

Afin d'aider Thomas et Margot à trouver une solution à leur problème, je leur fis remarquer que leur mésentente procédait d'une fausse hypothèse : « Tout irait bien si l'autre voulait changer. »

En tant que psychologue, c'est la cause la plus fréquente qui amène les gens à me consulter, peu importe le sujet de leur mésentente. Sans doute parce qu'elle se sentait coupable, Margot voulait que Thomas change, qu'il consacre plus de temps à ses enfants et qu'il le fasse à sa façon à elle. Pour sa part, Thomas voulait que Margot change et le laisse tranquille quand il était avec les enfants (et même qu'elle travaille un peu moins). Bien qu'il ne l'ait pas exprimé très clairement, je crois que Thomas voulait aussi que Margot change d'une autre façon — qu'elle prenne mieux soin d'elle-même. Rappelez-vous qu'il lui a dit de faire des choses pour elle. « Va faire des courses... va te promener... fais un peu de lecture. »

Mais l'idée de changer l'autre les préoccupait tellement tous les deux qu'ils en oubliaient le plus important : être de bons parents et s'aimer et s'apprécier mutuellement.

Les réactions sont souvent trompeuses

En continuant de travailler avec ce couple, j'ai essayé de faire comprendre à Margot que ses tentatives pour « aider » Thomas étaient à la fois présomptueuses (seule *sa* façon de faire était la bonne) et plutôt inefficaces. Très souvent, quand on veut donner des conseils, on finit par dicter aux autres la conduite qu'on veut leur voir adopter.

Je te fais toujours des critiques constructives, sans porter de jugement, dans le but de t'amener à réévaluer la situation et à modifier ton comportement en conséquence.

Tu m'accuses et m'attaques sur un ton agressif et hostile. Ce n'est pas étonnant que tu m'indisposes quand tu te mêles de me donner des conseils !

Voilà en résumé comment les gens réagissent aux conseils qu'on leur prodigue. Bien entendu, tout le monde préfère donner des conseils plutôt qu'en recevoir! Plus le sujet est délicat, plus les conseils sont acerbes! C'est fou, mais très souvent, quand on veut aider une personne à changer de comportement, on finit par la critiquer ou lui dicter sa conduite, ce qui provoque chez elle des réactions contraires à celles qu'on cherchait à produire.

Examinons l'effet que les paroles de Margot avait sur Thomas.

PAROLES DE MARGOT: Thomas devrait passer plus de temps avec les enfants.

GENRE DE MESSAGE: Un ordre qui lui dicte sa conduite.

RÉACTION DE THOMAS: Ressentiment.

PAROLES DE MARGOT: Après tout, les enfants ont autant besoin de leur père que de leur mère.

GENRE DE MESSAGE: Une déclaration qui éveille la culpabilité.

RÉACTION DE THOMAS: Colère, sans action positive.

PAROLES DE MARGOT: Mais tu n'es pas vraiment avec eux!

GENRE DE MESSAGE: Un jugement légèrement moralisateur.

RÉACTION DE THOMAS: Il se met sur la défensive, mais n'agit pas.

Parmi les autres moyens de communication inefficace, il y a aussi les menaces, les injures, les accusations, les sarcasmes et les silences hostiles.

Au cours d'une discussion avec Thomas et Margot au sujet de leur façon d'interagir, Thomas reconnut qu'il était devenu défensif au point de rejeter les commentaires de Margot sans même les écouter. Ils commencèrent alors à comprendre pourquoi toutes leurs conversations se terminaient en querelles.

Examinons maintenant le comportement de Thomas. Était-il insensible à ses enfants? Leur consacrait-il suffisamment de temps? Passait-il de «bons» moments avec eux? Il est très difficile de répondre à ce genre de question.

Demandez aux enfants ce qu'ils en pensent

Les enfants de Thomas et de Margot avaient respectivement quatre et sept ans et étaient capables de s'exprimer; j'ai donc proposé aux parents une solution fort simple: demander aux enfants ce qu'ils pensent des moments qu'ils passent avec maman et papa. Les voient-ils assez souvent? Sont-ils satisfaits? Qu'aimeraient-ils voir changer? (Si les enfants sont trop jeunes, il est impossible de leur poser de telles questions. Mais le père d'un jeune bébé peut très bien s'adresser à un pédiatre ou consulter des livres sur l'éducation des enfants.)

Margot et Thomas consultèrent leurs enfants. Ceux-ci leur dirent que tout était parfait, bien que le plus vieux aurait aimé que Papa joue plus souvent avec lui. Un an plus tard, j'ai eu des nouvelles de Thomas et Margot, qui me déclarèrent que «tout allait beaucoup mieux». Ils me dirent que chacun essayait de ne plus intervenir pour changer la conduite de l'autre, mais que c'était plus facile à dire qu'à faire. Bien entendu, il n'est jamais facile de se débarrasser de ses vieilles habitudes!

Que pouvons-nous apprendre de l'histoire de Thomas et Margot?

Il semble que les hommes souhaitent s'occuper de leurs enfants à leur façon, sans toujours devoir suivre l'exemple de leur femme. Le fait qu'ils le fassent différemment n'implique pas qu'ils ne le font pas bien ou de manière inefficace.

Ni les hommes ni les femmes n'apprécient la critique.

Amener quelqu'un à changer de comportement n'est pas chose facile. Par conséquent, exiger que votre partenaire change sa façon de s'occuper des enfants n'est pas la solution la plus efficace pour remédier à la situation.

Partage égal de l'éducation des enfants

La notion même du partage égal de l'éducation des enfants est tellement nouvelle qu'on ne la trouve que très rarement dans les ouvrages consacrés à ce sujet. Selon la définition qu'on lui prête aujourd'hui, elle représente une situation où les deux parents (mariés ou non) partagent également *toutes* les responsabilités reliées au bien-être physique et émotif de leurs enfants.

Depuis un certain temps, toutefois, la question du partage égal de l'éducation des enfants retient davantage l'attention des médias d'information. De plus en plus de jeunes couples disent établir des horaires de travail flexibles afin de permettre à chacun de consacrer du temps à l'éducation des enfants. Les congés de paternité font leur apparition et les émissions de télévision nous montrent des pères qui écourtent leur journée de travail pour s'occuper de leurs enfants. Ces hommes nous décrivent en détail leurs premières expériences de père. À en juger par ce que la télévision nous révèle, il y a lieu de se demander si les hommes vont continuer à travailler !

En fait, je pense que les médias ont fini par laisser croire à beaucoup de femmes que le partage égal de l'éducation des enfants est la norme chez tous les jeunes couples. Un nombre accru de femmes s'attendent que leurs partenaires partagent également les responsabilités se rattachant à l'éducation des enfants. Pourtant, on ne trouve nulle part au monde des indices pouvant même suggérer que les hommes sont des parents à part égale. En Suède, par exemple, le gouvernement accorde des congés de paternité depuis plusieurs années, mais moins de 10 pour 100 des hommes qui peuvent en prendre choisissent de le faire.

Il y a plusieurs forces négatives qui nuisent aux efforts que peuvent faire les hommes pour assumer la moitié des responsabilités reliées à l'éducation des enfants. Premièrement, il y a leur milieu de travail. Un homme qui veut être un parent à part égale se heurte aux conventions du monde du travail, qui lui dictent le contraire. Un homme doit d'abord et avant tout se consacrer à sa carrière et ne rien laisser l'entraver, pas même ses enfants. Il doit travailler de longues heures, même le soir ou durant les week-ends, être sourd à ses besoins physiques et émotifs, voyager et déménager si on le lui demande et gravir tous les échelons non seulement pour prouver ce qu'il vaut à ses supérieurs, mais aussi pour se le prouver à lui-même. Dans le monde du travail, on ne reconnaît l'importance de la famille d'un homme que si elle le soutient dans sa carrière. Même aujourd'hui, un homme qui laisse sa vie familiale affecter son travail compromet ses chances d'avancement.

Il est intéressant de constater qu'on pardonne plus facilement aux femmes qu'aux hommes leurs préoccupations familiales. Au cours d'une entrevue télévisée, par exemple, Jane Pauley, journaliste réputée et coanimatrice de la célèbre émission *Today* à la télévision américaine, avouait avec un peu d'embarras qu'elle avait évité certains reportages importants à l'étranger parce qu'elle ne voulait pas s'éloigner de ses petits jumeaux. Elle disait qu'elle avait hésité à faire cette révélation de peur qu'on ne lui reproche de ne pas s'intéresser suffisamment à sa carrière. Pourtant, l'auditoire et les autres correspondantes du réseau semblèrent pleins de sympathie et de compréhension. Mais quelle aurait été la réaction du même public si un homme avait fait la même déclaration? Comment ses patrons auraient-ils réagi en apprenant qu'un de leurs correspondants refusait d'importants reportages outre-mer pour rester près de ses enfants? Auraient-ils été sympathiques? compréhensifs? Jamais de la vie!

D'autres facteurs, concernant les enfants et, plus particulièrement les très jeunes enfants, ont une influence défavorable sur les hommes. Rappelons d'abord qu'ils ont certaines idées préconçues sur le comportement qui sied à un «mâle». Bien qu'il soit acceptable qu'un homme participe activement à l'éducation de ses enfants, le rôle qui le met le plus à l'aise demeure celui du père traditionnel: celui qui joue avec l'enfant, fait des sorties avec lui, lui enseigne certaines choses et le nourrit à l'occasion. Pour bon nombre d'hommes, en faire davantage, comme gazouiller, changer les couches, donner le bain ou passer de longues heures seul avec bébé, devrait revenir à la mère, car cela a toujours été son rôle. Les hommes éprouvent beaucoup de réticences à adopter un comportement qu'on pourrait qualifier de féminin.

Et pourquoi serais-je le principal parent?

Il y a des hommes qui font clairement comprendre à leur partenaire qu'ils n'ont aucune intention de partager avec elle la responsabilité de l'éducation des enfants. Or, beaucoup de femmes, jugeant cela impossible, refusent de le croire même après l'avoir entendu d'innombrables fois. Jacques et Nathalie en sont un bon exemple.

Jacques et Nathalie, tous deux au début de la trentaine, vivaient ensemble et songeaient à se marier. Jacques était directeur d'un commerce important. Avec les années, son salaire avait augmenté régulièrement et il n'avait pas de souci financier. Il était prêt à se marier et à fonder une famille. Nathalie partageait son désir d'avoir des enfants. Comme Jacques, elle travaillait dans le domaine de la vente au détail, pour une entreprise de produits de beauté.

Dès leur première séance, j'observais que Nathalie semblait très satisfaite de son travail, mais qu'elle l'était beaucoup moins de sa relation avec Jacques. Voici en gros ce qu'elle m'expliqua: «Chaque fois que je parle d'avoir un enfant, Jacques me dit qu'il est d'accord pourvu que je travaille moins et que je prenne soin du bébé. Il me dit aussi qu'il ne compte nullement changer quoi que ce soit à sa vie ou réorganiser son horaire de travail pour être disponible pendant le jour. Je n'arrive pas à le croire!

«Ça me met hors de moi que Jacques accepte d'avoir des enfants pourvu que *je* m'en occupe! Je crois que j'ai moi aussi le droit de continuer à travailler. J'adore ce que je fais et je gagne bien ma vie!»

Jacques n'était visiblement pas d'accord. Il se tourna vers moi et dit: «Elle a vraiment la mémoire courte. Dès la première fois que nous avons parlé d'avoir des enfants, il y a bien trois ans, j'ai expliqué à Nathalie que si nous nous mariions et avions des enfants, je voulais qu'elle les élève.

«Elle était d'accord avec moi. Je n'ai pas changé d'avis. Ce que je dis aujourd'hui n'est pas différent de ce que je dis depuis des années. C'est elle qui a changé. Je ne sais pas où elle est allée chercher ces idées d'égalité! Maintenant elle est fâchée parce que je ne change pas d'idée.»

Nathalie répliqua: «Et comment! J'ai toutes les raisons du monde d'être hors de moi! Ouvre les yeux, Jacques! Le monde a changé! Ne te rends-tu pas compte de ce que les autres pères font? Pense à tes amis!»

Jacques dit: «Écoute, je suis prêt à t'accompagner à tes cours prénatals et à être avec le bébé. J'imagine que je l'aiderai plus tard à faire ses devoirs et que je l'emmènerai aux matchs de foot. Mais je ne partagerai pas avec toi l'entière responsabilité de son éducation. Je ne changerai pas mes heures de travail. Et je ne veux pas que mon enfant passe ses journées à la garderie ou avec une gardienne. Si tu veux avoir des enfants, il faudra que tu les élèves toi-même. »

Nathalie me regarda d'un air dégoûté. « Qu'est-ce qu'il ne faut pas entendre ? Non seulement devrai-je élever cet enfant toute seule, mais je ne pourrai même pas compter sur un peu d'aide ! »

Jacques l'interrompit : « Attends un peu, Nathalie. Ne me fais pas dire ce que je n'ai pas dit. Non, je ne veux pas que mon enfant soit élevé par quelqu'un d'autre. Oui, bien sûr, nous aurons des gardiennes de temps en temps. Je serais même d'accord que quelqu'un t'aide à la maison pour que tu puisses continuer à travailler à temps partiel. Mais je refuse absolument que mon enfant passe la plus grande partie de sa journée avec une étrangère. Je veux que notre enfant soit avec toi. C'est un compliment que je te fais. »

Nathalie me dit : « Je n'arrive pas à croire que Jacques soit si vieux jeu. L'image de la mère qui reste à la maison et fait des gâteaux est complètement démodée. Ma mère a mené ce genre de vie. Elle avait un diplôme en lettres anglaises, mais elle n'a jamais rien fait d'autre que de prendre soin de nous. Et elle était très malheureuse. Alors, pas question que je fasse comme elle !

« Je ne suis plus certaine de vouloir des enfants si Jacques ne veut pas faire sa part. Comment pouvons-nous nous sortir de cette impasse ? »

Le dilemme de Jacques et de Nathalie est beaucoup plus courant qu'on ne le pense. Compte tenu de tout ce que l'on dit de nos jours sur les nouveaux pères, Nathalie n'avait pas tort de penser que la plupart des hommes sont des pères à part entière. Toutefois, comme je l'ai expliqué plus tôt, il s'agit d'une conception erronée fondée sur le fait que certains hommes en font beaucoup plus qu'avant.

J'ai donc essayé de donner à Jacques et à Nathalie une vision plus juste du rôle que les hommes assument aujourd'hui dans l'éducation des enfants. J'ai discuté avec eux non seulement des contraintes que le monde du travail impose aux hommes, mais aussi de celles qu'ils s'imposent eux-mêmes pour respecter l'image traditionnelle du mâle. Et j'ai souligné qu'il n'y a, en fait, qu'un homme sur dix qui partage également avec sa partenaire la responsabilité d'élever les enfants.

Après avoir discuté de ces questions avec eux, j'ai demandé à voir Nathalie toute seule. Je lui ai rappelé que Jacques n'avait jamais changé d'idée quant aux responsabilités qu'il était disposé à assumer. Non seulement était-ce elle qui avait changé, mais elle s'attendait que le même changement se produise chez Jacques. Je lui ai fait comprendre que comme elle avait des idées bien arrêtées à ce sujet, il lui était facile de croire que Jacques avait tort ou même qu'il déraillait complètement. Cela arrive très souvent! Plus on tient à une idée, plus on est convaincu d'avoir «raison»!

J'ai aussi fait remarquer à Nathalie que Jacques avait toujours été très honnête avec elle. Elle savait à quoi s'attendre. Comme je l'ai mentionné plus tôt, rares sont les hommes qui s'expriment aussi clairement sur des sujets controversés. En réalité, il est de loin préférable qu'une femme sache dès le début à quoi s'en tenir, au lieu d'espérer que les choses changent comme par magie après la naissance du bébé.

J'ai rappelé à Nathalie que je ne croyais pas que Jacques change d'attitude ou de comportement à l'égard de l'éducation de ses enfants et que continuer à en discuter n'était qu'une perte de temps et d'énergie. Je lui ai expliqué qu'il n'y avait rien de « mal » à vouloir changer quelqu'un, mais que, dans son cas, cela ne donnerait sans doute pas le résultat escompté.

Nathalie avait trois choix :

- Accepter la situation, épouser Jacques, avoir un enfant et réduire ses heures de travail.
- Décider de ne pas avoir d'enfant et continuer à vivre avec Jacques.
- Quitter Jacques et chercher un homme qui soit mieux disposé à accepter ses convictions au sujet de l'éducation des enfants.

Nathalie et moi avons longuement parlé de la façon dont on prend une décision d'une telle importance, après avoir pesé les aspects positifs et négatifs de chacun des choix possibles. Dans son cas, les solutions ne la rendaient pas très heureuse, mais elle reconnaissait qu'elles étaient réalistes.

J'ai ensuite convoqué Jacques à mon bureau. Dès son arrivée, il me confia qu'il était déjà au courant de la discussion que j'avais eue avec Nathalie. Je lui expliquai que je souhaitais surtout discuter de ce que la paternité signifierait pour *lui* et pour *son* enfant, sans parler de Nathalie. C'était une chose à laquelle il n'avait pas réfléchi. Il avait été trop pris par ce qui était devenu une lutte pour ne pas « céder » à Nathalie et accepter d'être un parent à part égale. Je lui fis remarquer qu'il était très difficile de prévoir quelle serait sa réaction une fois que le bébé serait né. J'essayai ensuite de lui expliquer que son point de vue était tout aussi légitime que celui de Nathalie et que ni l'un ni l'autre ne possédait « la vérité ». (De nombreux problèmes de couple viennent du fait que chacun pense qu'il n'existe qu'une vérité — la sienne.) Finalement, je lui dis qu'il n'y avait rien de mal à changer d'idée et qu'il pourrait toujours décider plus tard de participer plus activement à l'éducation de son enfant. Je lui soulignai que de nombreux hommes regrettent de ne pas s'être occupés davantage de leurs enfants quand ils étaient petits. Je lui fis valoir les effets positifs d'une relation plus proche et plus chaleureuse, tant pour un père que pour son enfant.

Ce faisant, je ne cherchais pas à amener Jacques à partager le point de vue de Nathalie, mais plutôt à lui donner des renseignements objectifs pour l'aider à évaluer de façon plus réaliste ses propres sentiments à cet égard. (Lorsque je les ai vus pour la dernière fois, Jacques et Nathalie étaient toujours en négociations.)

La qualité de la relation paternelle

En raison des changements spectaculaires qui se sont produits dans la vie des femmes et dans celle des hommes par ricochet, ceux-ci éprouvent de nos jours des sentiments très ambigus à l'égard de la paternité. Ils sont influencés par le fait qu'on parle de plus en plus de l'importance du rôle du père dans la vie d'un enfant. Un nombre grandissant d'hommes découvrent les joies d'assumer plus activement leur rôle de père.

Comment les hommes se sentent-ils face à leur paternité? Jusqu'où voudront-ils participer? Quel genre de père seront-ils? Les réponses à ces questions dépendent entièrement de l'homme à qui on les pose. La façon dont chaque homme vit sa paternité sera fonction de ses propres expériences familiales et sera déterminée par certains des facteurs suivants:

Son patrimoine culturel. La paternité a des visages très variés, qui va de l'apparente sévérité du juif orthodoxe à l'expression chaleureuse du papa italien. Quoi qu'il en soit, si un homme a grandi dans un foyer où la mère travaillait, il a probablement vu son père nourrir les enfants, les cajoler et changer les couches du tout-petit. Ainsi, la façon dont un homme assume son rôle de père est fortement influencée par ce qu'il a vécu dans son enfance.

Ses expériences avec son propre père ou d'autres hommes importants dans sa vie. Les hommes qui ont grandi dans une maison où le père était souvent absent auront plus de difficulté à vivre leur paternité. Ayant été privés d'une bonne relation avec leur père, certains d'entre eux diront vouloir participer davantage. Mais n'ayant jamais eu de modèle, ils se sentiront maladroits et auront peut-être tendance à tout laisser tomber, à moins que leur partenaire ne les encourage à persister.

S'il a assisté à des conférences et à des cours prénatals, s'il a assisté à la naissance et a développé très tôt des liens étroits avec son enfant. Les hommes qui ont assisté à des cours prénatals et ont appris toutes sortes de choses au sujet des enfants seront plus à l'aise dans leur rôle de père. Plusieurs hommes sont un peu réticents à assister à des cours (beaucoup préfèrent des séances d'une journée entière), mais une fois embarqués, ils découvrent qu'ils y apprennent des choses pratiques, intéressantes et stimulantes sur le plan intellectuel. Certains y trouvent même une façon nouvelle de prouver leur compétence, ce qui les encourage à participer davantage. En fait, les hommes qui ont des contacts fréquents avec leur nourrisson sont plus susceptibles de devenir des pères enthousiastes.

Sa définition du comportement qui convient à un homme. Si un homme attache beaucoup d'importance à sa virilité et qu'il trouve que cajoler, caresser, réconforter et se montrer tendre sont des comportements peu virils, il aura peu tendance à chercher à être très proche de ses jeunes enfants. Les hommes « virils » aiment souvent enseigner les valeurs morales et la débrouillardise à leurs enfants, mais ils ont plus de difficulté à leur exprimer de l'affection.

Les normes sociales et culturelles de son milieu de travail. En Suède, on accorde des congés parentaux aux hommes comme aux femmes. Cela commence aussi à se faire en Amérique du Nord. Plus on encouragera les hommes à consacrer de l'énergie à leurs responsabilités parentales, plus ils le feront de bonne grâce. Ainsi, plus la société et ses institutions reconnaîtront que l'éducation des enfants est une responsabilité à partager également entre les deux parents, plus les hommes se sentiront à l'aise dans leur rôle de père actif.

L'attitude de sa partenaire face à ses tentatives. Malheureusement, il arrive souvent que les femmes se montrent très protectrices à l'égard de leurs enfants ou jugent sévèrement les efforts que font leur partenaire pour s'en occuper. Or, comme la plupart des hommes ont tendance à se sentir mal à l'aise dans leur rôle de père, ils laisseront tomber s'ils se sentent constamment critiqués.

Son plan de carrière et le temps dont il dispose. Si le jeune papa est résident dans un grand hôpital et occupe son premier « vrai emploi » ou s'il gravit les échelons d'une grande entreprise, il est peu probable que son employeur lui accorde un traitement spécial pour qu'il puisse s'occuper de ses enfants. Il lui faudra sans doute travailler des heures supplémentaires pour prouver sa valeur. Les hommes qui veulent « réussir » dans leur carrière ne veulent pas compromettre leur première responsabilité d'homme, c'est-à-dire de chef de famille, pour jouer au papa. Beaucoup d'hommes préféreraient peut-être consacrer plus de temps à leurs enfants, mais s'ils doivent choisir entre les enfants ou le succès professionnel, c'est à leur travail qu'ils donneront la priorité.

VIII

La réussite d'une femme : Son effet sur chacun des partenaires

C'était au printemps de 1980, six mois après la publication de *Making it Together as a Two-Career Couple,* le livre que ma femme Marjorie et moi avions écrit ensemble. Notre tournée de promotion venait de prendre fin et nous commencions à recevoir de plus en plus d'invitations pour donner des conférences sur le sujet. Ce jour-là, j'avais reçu plusieurs messages téléphoniques de Marjorie, mais nous n'avions pas réussi à nous joindre. Cependant, ses messages me laissaient deviner qu'il s'était passé quelque chose d'important et de positif.

Nous avons finalement réussi à prendre rendez-vous pour le déjeuner. Chacun arriva dans sa voiture. J'avais déjà garé la mienne et je me dirigeais vers le restaurant lorsque j'entendis Marjorie qui m'appelait.

— Morton, Morton! Devine ce qui arrive, dit Marjorie en courant vers moi, visiblement excitée.

— Quoi donc? répondis-je en me retournant.

— Une très grosse boîte de New York tient son congrès annuel à San Diego et on m'a proposé d'y donner une conférence et d'animer un atelier, me déclara Marjorie d'un ton plein d'enthousiasme.

— Merveilleux!

— Mais tu ne sais pas tout!

— Ah! Non?

— On m'a offert mille dollars!

Marjorie s'attendait que je la félicite et que je partage son triomphe et tout l'enthousiasme qu'il éveillait en elle.

Elle attendit, attendit et attendit. Finalement, je fis «O-o-o-oh» et continuai à marcher vers le restaurant.

Marjorie m'avoua que non seulement ma réaction l'avait étonnée, décontenancée et blessée, mais elle l'avait surtout inquiétée. Nous en avons parlé maintes et maintes fois. En fait, nous avions même consacré un petit chapitre de notre livre à expliquer ce qui se passe dans un couple lorsque la femme réussit sur le plan professionnel. De plus, nous avions convenu que puisque les questions féminines étaient à la mode et que Marjorie était le premier auteur de notre livre, il serait normal qu'on la sollicite plus souvent que moi et qu'on lui offre des honoraires plus intéressants.

J'aurais dû être préparé!

J'avais dit tout ce qu'il fallait dire. J'avais reconnu qu'il était normal que Marjorie se voit offrir des engagements.

Puisque nous en avions parlé, j'aurais dû savoir comment réagir positivement à ce qui pouvait arriver. En fait, j'avais rejeté la *possibilité* même que cela puisse me contrarier. Après tout, j'étais un psychologue qui conseillait les autres à ce sujet.

Pourtant, lorsque Marjorie m'annonça la nouvelle, je réagis de manière tout à fait irrationnelle. C'était une réaction spontanée, incontrôlable et irréfléchie. Sur le coup, j'avais été incapable de prononcer autre chose que «Oh». Heureusement, nous déjeunions ensemble et nous pouvions en profiter pour discuter immédiatement de ce qui s'était produit.

C'était la première fois que Marjorie se faisait offrir mille dollars pour une conférence, et *je* n'avais jamais eu une offre aussi intéressante. Nous avions enfin notre premier engagement important et c'était elle qui l'avait obtenu. Tout ce que je *pensais* croire disparut dès que j'entendis le montant de ses honoraires. J'étais sur la défensive, mal à l'aise et honteux de ma réaction.

Marjorie y était mieux préparée que moi. Elle m'avoua que lorsqu'elle avait accepté l'offre qu'on lui proposait, sa joie avait été mêlée d'appréhension. Elle avait téléphoné à son père pour lui annoncer la bonne nouvelle, et celui-ci avait tout de suite ressenti le même genre d'appréhension. Ils avaient eu la conversation suivante :

— Papa, c'est Marjorie. On vient de m'offrir mille dollars pour donner une conférence à San Diego.

— C'est merveilleux ma chérie ! (Silence) Qu'est-ce que Morton va en penser ? Non. Ce n'est pas ce que j'ai voulu dire. (Silence) Mais que va en penser Morton ? Comment crois-tu qu'il va réagir ?

Qu'en ai-je pensé ? Comment me suis-je senti ? Mais comment les hommes réagissent-ils quand une femme a beaucoup de succès ? Et comment se sentent-ils lorsqu'il s'agit de leur propre partenaire ? Pourquoi le succès de leur femme les perturbe-t-il davantage que le succès d'un autre homme ?

Premièrement, la plupart des hommes et des femmes ont grandi à une époque où peu de femmes réussissaient sur le plan professionnel. C'était un privilège d'homme. Quand une femme avait du succès, c'était habituellement parce qu'elle était mariée ou associée à un homme qui avait du succès. Elle partageait son succès à *lui*. Son rôle était de l'appuyer et de l'encourager dans sa carrière pour qu'il réussisse et que sa gloire rejaillisse sur elle.

Il y a 25 ans, la plupart des femmes commençaient à travailler tout de suite après l'école secondaire. Elles travaillaient comme secrétaires, serveuses, aide-infirmières ou vendeuses. Celles qui poursuivaient des études devenaient enseignantes, infirmières ou travailleuses sociales. Elles gagnaient peut-être un salaire équivalent à celui des hommes qui occupaient les mêmes postes, mais ces emplois n'étaient jamais très bien rémunérés. Et la plupart des femmes cessaient de travailler ou travaillaient à temps partiel aussitôt qu'elles avaient des enfants. Le travail était une activité temporaire (jusqu'au mariage ou jusqu'à l'arrivée du premier enfant) ou «au cas» où elles ne se marieraient pas, deviendraient veuves ou divorceraient. Leurs chances de succès étaient très minces!

Rares étaient les femmes qui étudiaient la médecine, l'art dentaire, l'administration ou le droit. Peu de femmes obtenaient des doctorats et devenaient professeures à l'université. Celles qui y arrivaient n'obtenaient que des postes à temps partiel ou des charges de cours et on leur interdisait souvent d'enseigner dans le même département que leur mari. Les femmes ne devenaient pas ingénieure, administratrice ou cadre supérieure au sein d'une grande entreprise. En fait, elles plafonnaient au premier échelon de supervision ou de gestion générale.

Les choses ont-elles changé? Cela est certain! De plus en plus de femmes se préparent à des carrières prestigieuses dans le domaine de la médecine, du droit, des sciences politiques, de la psychologie, de l'ingénierie ou des affaires. De nos jours, on voit des femmes qui sont pilotes d'avion, neurologues, cadres supérieures dans une banque, juges ou sénateurs.

On peut dire que par rapport à il y a 25 ans, le nombre de femmes qui «réussissent» sur le plan professionnel a augmenté de façon spectaculaire. De plus, étant donné les conditions sociales et économiques qui prévalent aujourd'hui, on peut prévoir que le nombre de femmes qui travaillent et ont des chances de réussir ne diminuera pas. En effet, en l'an 2006, il y aura beaucoup plus de femmes ayant réussi sur le plan professionnel qu'il n'y en avait en 1966 ou qu'il n'y en a actuellement. Or, comment les hommes et les femmes réagiront-ils à cet état de choses?

Tout récemment, j'ai décidé de m'entretenir avec diverses femmes célibataires pour tenter de mieux comprendre comment elles-mêmes percevaient la réaction des hommes face à leur succès. Bon nombre d'entre elles m'ont avoué que lorsqu'elles rencontrent un homme avec qui elles aimeraient vivre une relation, elles mentent un peu ou ne disent pas *toute* la vérité sur leur carrière.

Prenons l'exemple de Marie, une jeune femme de 28 ans: «Je n'arrivais pas à comprendre ce qui se passait, m'a-t-elle confié. Souvent, je rencontrais un homme avec qui tout allait bien dès le début. J'avais l'impression de lui plaire. Il me plaisait et nous passions une excellente soirée, jusqu'à ce qu'il me demande ce que je faisais et que je le lui dise.

«Une vraie douche froide! Je ne sais pas pourquoi, mais les hommes se sentent mal à l'aise quand je leur dis que je suis prof à l'université. Maintenant, quand je rencontre quelqu'un, je préfère éviter le sujet ou simplement dire que j'enseigne. Puis, une fois que nous nous connaissons un peu mieux, je donne plus de détails sur ce que je fais et ça passe assez bien. Mais si j'en parle tout de suite, j'ai vraiment l'impression que je jette un froid entre nous. »

J'ai demandé à Marie comment elle se sentait quand elle mentait.

Elle a hésité un petit moment, puis elle m'a dit: «Je suis un peu mal à l'aise, mais je ne vois pas d'autre solution. Je veux une relation amoureuse. Je veux me marier un jour et avoir des enfants. Mais je me rends compte que les hommes perçoivent ma réussite professionnelle comme un obstacle. Ils ne me voient pas. Ils voient seulement mon doctorat et le fait que j'ai un poste à l'université. Je ne sais pas pourquoi, mais j'ai l'impression que ça joue contre moi. Les hommes semblent oublier tous les autres aspects de ma personnalité. C'est un vrai dilemme et je ne sais pas comment le résoudre. »

L'histoire de Marie est-elle vraiment exceptionnelle? Pas du tout. Beaucoup d'autres femmes vivent des choses semblables. Une réalisatrice de cinéma m'a confié, par exemple, qu'elle avait tendance à minimiser son succès, du moins indirectement. Voici ce qu'elle m'a raconté: «Quand je rencontre un homme et qu'il me demande ce que je fais, je lui dis la vérité. Mais je m'arrange toujours pour lui faire comprendre que malgré ma réussite sur le plan professionnel, je suis complètement nulle dans d'autres domaines. Je dis que je suis totalement désorganisée et que mon appartement ressemble à un champ de bataille, que je n'ai pas le temps de faire de l'exercice pour me garder en forme ou encore que je n'ai presque pas le temps de sortir. On dirait que cela le rassure et le met plus à l'aise. J'ai l'impression que la dernière chose à dire est que tout va très bien. J'ai horreur de me déprécier de la sorte, mais je le fais quand même! »

Cependant, il n'y a pas que les célibataires qui s'inquiètent des problèmes que posent le succès. En fait, comme les femmes qui se sont mariées et ont eu des enfants mettent plus de temps à réussir sur le plan professionnel, leur succès cause souvent de grands remous dans leur vie conjugale.

J'ai observé que de plus en plus de couples viennent me consulter parce qu'ils n'arrivent pas à régler les conflits qu'engendre la réussite professionnelle de la femme. Examinons quelques-uns des cas les plus courants et voyons comment les hommes et les femmes peuvent se sortir de cette impasse.

Quand il est le conjoint

Ayant assisté à l'une de mes conférences sur les problèmes des couples qui poursuivent une carrière chacun de son côté, Paul et Catherine ont décidé de venir me consulter. Tous deux à la fin de la vingtaine, ils ont vécu ensemble pendant deux ans et sont mariés depuis un an. Ils sont intelligents, s'expriment bien et sont visiblement très épris l'un de l'autre. Pourtant, le soir où ils se présentèrent à mon cabinet, ils avaient l'air très embarrassés.

Paul commença: «C'est la chose la plus drôle qui me soit jamais arrivée. Non, pas drôle, bizarre plutôt. Catherine me demandait souvent de l'accompagner à ses parties de bureau, mais pour une raison ou pour une autre, je n'y étais jamais allé avant hier soir.

«Catherine m'avait dit que c'était un événement spécial. Elle était le seul cadre intermédiaire invité à la soirée et on l'avait invitée parce que c'était sa division qui avait enregistré la plus forte augmentation des ventes au cours du dernier trimestre. Elle voulait surtout faire bonne impression.

«Nous sommes arrivés parmi les derniers et dès que nous avons franchi le seuil, je me suis senti mal à l'aise. Il y avait deux groupes de gens réunis de chaque côté de la pièce. Le patron de Catherine est tout de suite venu nous accueillir et, après nous avoir salués, il a annoncé à toute la salle que «Catherine et son mari» venaient d'arriver. Catherine est immédiatement allée se joindre au groupe qui se tenait du côté droit de la pièce. Il se composait d'une douzaine d'hommes et d'une seule autre femme. Catherine n'a eu l'air d'avoir aucun mal à engager la conversation avec eux.

«Je ne savais pas quoi faire. Il était évident que Catherine parlait avec ses collègues et que je n'avais pas d'affaire *là*.

«De l'autre côté de la pièce, il n'y avait que des femmes. Ce n'était pas ma place non plus. Je suis resté planté là pendant quelques secondes et je me suis dit: «Peut-être devrais-je aller me refaire une beauté!»

Le problème dont parle Paul est de plus en plus courant de nos jours et bon nombre d'hommes en font l'expérience.

Paul pensait qu'il serait intéressant de rencontrer les collègues de Catherine. Il était fier des réalisations de sa femme. Cependant, il était également habitué à assister à des soirées où sa femme et lui connaissaient tous les deux la plupart des gens. Bref, ils formaient habituellement un couple parmi d'autres couples. Et s'ils assistaient à une soirée d'affaires, c'était avec ses collègues à lui.

Paul se retrouvait dans une situation entièrement nouvelle pour lui: il était le *conjoint.* Sa femme était avec ses collègues et il était là à titre de partenaire, le mari de Catherine. En plus, celle-ci avait été invitée à cause de son succès au travail. Lorsque je demandai à Paul comment la soirée s'était passée, il me répondit qu'il ne se sentait pas à sa place et en voulait à Catherine de l'avoir «mis dans une situation embarrassante».

En discutant avec ce couple, j'ai tenté de leur expliquer qu'ils devraient tous les deux faire certains compromis et apprendre à s'adapter. Par exemple, Paul devait reconnaître qu'il aurait encore à affronter les collègues de Catherine. Celle-ci avait un plan de carrière et Paul lui *avait dit* qu'elle pouvait compter sur son soutien. Il ne pouvait donc pas refuser de participer à ses obligations sociales. Après tout, il s'attendait que

Catherine l'accompagne dans *ses* fonctions d'affaires et il aurait été blessé qu'elle hésite à le faire.

J'ai aussi fait remarquer à Paul qu'il pouvait prendre certaines mesures pour éviter de se sentir mal à l'aise à l'avenir. Il pouvait, par exemple, demander à Catherine de lui indiquer qui devait assister à la soirée, que ce soit des collègues ou leurs conjoints, et de lui donner certains détails sur eux ou sur le motif de la soirée, afin qu'il soit mieux préparé.

J'ai aussi souligné à Catherine qu'elle pourrait aider Paul à s'intégrer plus facilement à son monde. Je lui ai expliqué que si elle voulait que Paul soit à l'aise quand il rencontrait ses collègues, surtout lorsqu'elle était l'invitée principale, elle devrait l'aider à établir des contacts avec les gens. Je lui ai rappelé que les femmes sont habituées à accompagner leur conjoint à des soirées où tous les gens se connaissent, mais que peu d'hommes en ont fait l'expérience. Je lui ai donc dit qu'il était important qu'elle aide son mari à s'intégrer à un groupe avant de partir de son côté.

Ma femme prend la vedette !

Que se passe-t-il quand une femme connaît un succès soudain et spectaculaire ? Comment son mari se sent-il quand c'est elle qui se met à gagner le plus d'argent ? Quand c'est elle qu'on appelle et qu'on veut interviewer ? Qu'arrive-t-il quand elle est partie pendant des jours ou même des semaines ? Comment se sent-il quand on le présente comme son mari, lui qui, pendant plus de 20 ans, a été habitué à sa propre identité professionnelle et qu'elle soit présentée comme sa femme ?

Roger et Gisèle sont ensemble depuis plus de 25 ans. Ils ont d'abord été amis et collègues, puis ils ont commencé à sortir ensemble. Maintenant, ils sont mariés depuis 20 ans. Au début, Roger était en quelque sorte le mentor de Gisèle. De cinq ans son aîné, avocat connu et associé dans le bureau d'avocats où ils travaillaient tous les deux, il l'aida à s'y tailler une place. Il l'encouragea et l'appuya pour ne pas qu'elle se laisse décourager par tout le travail qu'elle faisait sans qu'on ne lui donne tout le crédit qu'elle méritait. Il lui apprit à faire les recherches nécessaires et à accepter les longues heures de travail. Il révisa ses dossiers, lui enseigna la procédure et lui fit même répéter ses plaidoyers.

Tout fonctionnait à merveille. Il était son partenaire et elle gravissait rapidement tous les échelons. C'était une femme intelligente, sûre d'elle et compétente, qui s'acquit peu à peu le respect des autres avocats du bureau. Elle devint bientôt une associée. Tout semblait aller pour le mieux dans le meilleur des mondes!

Puis Gisèle plaida une cause qui fit la manchette dans tout le pays. C'était une cause qui touchait la vie de beaucoup de gens. Elle plaida avec brio et gagna. On l'invita bientôt à commenter l'affaire dans les journaux, à la radio et finalement à la télévision. Elle écrivit un article très apprécié pour une revue spécialisée et fut appelée à témoigner à une commission parlementaire sur le sujet.

Sa célébrité attira de nombreux nouveaux clients et personne ne s'attendit plus qu'elle se limite à du travail traditionnel d'avocat. Au bout d'un certain temps, ses associés lui proposèrent de prendre un congé de six mois pour qu'elle puisse continuer à écrire et à donner des conférences, tout en ayant le temps de terminer le livre qu'on lui avait commandé.

Et Roger dans tout ça? Que lui est-il arrivé? Eh bien, rien de particulier! Il continua d'occuper ses fonctions d'associé principal et d'être apprécié et respecté de ses collègues et amis. Mais il était nettement moins bien connu et moins en demande que Gisèle.

Il faut souligner qu'il était un avocat assez réputé et qu'il avait publié une série d'articles importants, ainsi qu'un ouvrage sur le droit qui avait connu un certain succès. Il était évident, toutefois, qu'il était maintenant marié à une étoile montante.

La carrière de Roger n'était pas un échec, loin de là. Mais son succès demeurait constant, tandis que celui de Gisèle devenait de plus en plus spectaculaire. Lors d'une séance de groupe composée exclusivement d'hommes, Roger raconta comment il avait réagi au succès de sa femme.

« J'avais l'impression de vivre dans deux mondes à la fois. Je me répétais : « N'est-ce pas fantastique ? Elle le mérite vraiment. » J'étais même capable de le dire aux amis et aux collègues.

« En même temps, je ressentais une espèce de vide dans le ventre, qui me donnait presque la nausée, comme le jour où on lui avait proposé un congé !

« Je ne pouvais en parler à personne. J'étais trop honteux de ma réaction et trop en colère contre moi-même. Je me suis donc replié sur moi-même. Et lorsque Gisèle me demandait ce qui n'allait pas, je lui répondais que j'étais préoccupé par des problèmes au bureau.

« Heureusement, Gisèle a été merveilleuse. Elle avait continué à travailler comme d'habitude, sans se laisser étourdir par son succès. Enfin, un soir que nous rentrions à la maison après un dîner au restaurant, je lui ai avoué mes sentiments. Je me rappelle que cela m'a beaucoup soulagé, mais je dois avouer qu'il m'a fallu un certain temps pour vraiment m'en sortir. »

La réaction de Roger était-elle inhabituelle ? excessive ? Après 20 ans de succès personnels, Roger faisait-il preuve d'immaturité ?

Premièrement, il faut dire que Roger a réagi d'une façon normale et très prévisible. La plupart des hommes ont une réaction semblable lorsqu'ils se voient soudainement éclipsés par leur partenaire. Un homme est toujours plus à l'aise dans une position dominante ou, à tout le moins, égale. Une bonne part de son malaise vient de sa crainte de baisser dans l'estime de sa femme, une fois que son succès dépasse le sien.

Roger a avoué qu'il avait honte de ses sentiments. Il n'avait pas d'amis intimes avec qui parler de sa vie personnelle. De plus, il était incapable de s'ouvrir à Gisèle. Il devint donc plus renfermé et plus distant. Lorsque Gisèle l'interrogeait, il niait être préoccupé par quoi que ce soit.

Dans une certaine mesure, Roger s'en est mieux tiré que la plupart des hommes dans la même situation, car il s'était rendu compte de ce qui se passait et avait fini par s'ouvrir à Gisèle et discuter des sentiments qui le tourmentaient. Mais que serait-il arrivé si Roger n'avait pas eu conscience de ses sentiments ou s'il avait continué à s'isoler? Que se serait-il passé si Gisèle avait laissé le succès lui monter à la tête? Certains mariages se défont-ils vraiment parce qu'une femme a trop de succès? Cela se produit effectivement, mais pourquoi?

Étant donné que les hommes ont toujours été conditionnés et encouragés à réussir, on peut légitimement se demander pourquoi le succès des femmes crée de tels remous. Or, c'est précisément en raison de ce conditionnement que les hommes et les femmes s'attendent que les *hommes* soient en vue et aient du succès alors que la réussite d'une femme devient tout à fait aberrante.

J'ai discuté de ce problème avec de nombreux couples. Or, certains thèmes qui reviennent souvent me suggèrent les recommandations suivantes.

Dans la mesure du possible, un couple devrait discuter du succès éventuel de la femme et de la réaction probable de chacun face à ce succès, *avant* qu'il ne se produise. Bien que cela ne leur garantisse pas que la transition se fera en douceur, ils auront au moins une référence commune avant que le tourbillon ne les emporte.

Lorsque le succès de la femme éclate, ils doivent tous les deux faire des efforts pour rester proches l'un de l'autre. Ils doivent planifier leurs moments d'intimité, car il est essentiel de ne pas laisser l'horaire plus chargé qu'entraîne le succès les priver des moments qu'ils ont la chance de passer ensemble.

Les hommes et les femmes doivent également comprendre que la fièvre du succès est parfois et même souvent très éphémère. (Gisèle, par exemple, retourna finalement à la pratique du droit et, bien qu'elle fût plus connue que Roger, leurs carrières finirent par s'équilibrer.)

Les hommes doivent savoir découvrir leurs sentiments et admettre qu'ils se sentent blessés ou abandonnés. Beaucoup trop d'entre eux se laissent coincer entre leur détresse et le malaise et la honte qu'elle engendre.

De leur côté, les femmes doivent comprendre que leur partenaire aura du mal à accepter leur succès, surtout au début et *malgré* ce qu'ils disent. Dans un tel cas, le comportement d'un homme est souvent révélateur. S'il se replie sur lui-même et semble distant ou déprimé, il est à la fois contrarié et honteux.

En fait, de toutes les situations que j'ai décrites, rien n'est plus menaçant pour une relation même bien établie que le succès imprévisible, soudain et spectaculaire de la femme. Lorsque cela se produit après que la carrière du mari a atteint son apogée, la situation est encore plus critique, et nombreux sont les couples qui ont besoin d'aide professionnelle pour s'en sortir.

Changer de cap à contretemps

Le retour des femmes sur le marché du travail a fait naître de nouveaux problèmes, à savoir des conflits engendrés par des carrières déphasées. Pensons à la situation d'une femme de 45 ans qui s'est mariée au début de la vingtaine. Elle a probablement travaillé ou peut-être étudié pendant quelques années, mais, si elle a eu des enfants, il y a de fortes chances qu'elle se soit retirée du marché du travail ou qu'elle n'ait travaillé qu'à temps partiel. Pendant 20 ans, elle a été mère et ménagère à plein temps, travaillant à temps partiel ou s'occupant d'activités sociales et d'oeuvres de bienfaisance.

Son troisième enfant a maintenant 18 ans et a quitté la maison pour poursuivre des études ou travailler. Elle est libre. Que fait-elle? Eh bien, il y a quelques années, elle se serait préparée à son deuxième rôle domestique, celui de grand-mère. Elle serait devenue déprimée. Elle serait restée à la maison, se serait ennuyée et aurait fréquenté d'autres femmes dans la même situation. Si elle en avait eu les moyens, elle se serait jointe à un club. Elle aurait joué au tennis et aurait pris un verre ou deux ou trois ou plus.

Aujourd'hui, les choses ont bien changé. Les hommes et les femmes envisagent le départ de leur petit dernier comme une période d'émancipation plutôt que de dépression. De plus en plus de femmes retournent aux études, reprennent des carrières abandonnées depuis de nombreuses années ou réintègrent le marché du travail au bas de l'échelle, avec la ferme intention de se tailler une meilleure place. Elles se sentent libérées de leurs tâches domestiques, de la cuisine, du ménage et même des enfants, et espèrent que leur partenaire se montrera aussi enthousiasmé qu'elles par leurs nouvelles aspirations.

Les hommes dans tout ça? Eh bien, il y a 25 ans, ils entreprenaient très tôt une carrière et passait la plus grande partie de leur vie à s'élever à une position enviable dans leur domaine. Avec un peu de chance, ils devenaient directeurs, chefs de service, professionnels en vue ou artisans chevronnés. Ainsi, au moment où leur femme atteint le milieu de la quarantaine, ces hommes ont presque 50 ans.

Ils sont arrivés au faîte de leur carrière et laissent maintenant les jeunes loups se livrer une concurrence féroce pour arriver un jour aux mêmes résultats qu'eux. Ils savent qu'ils devront continuer à travailler pendant 15 ou 20 ans, mais ils ont de plus en plus envie de profiter de la vie, de voyager et de s'offrir le luxe que procure un certain degré de succès. Or, juste au moment où ils sont prêts à consacrer plus d'attention à leur partenaire, à leurs enfants devenus adultes (et à leurs petits-enfants) ou à faire enfin les voyages qu'ils ont remis d'année en année, ils se rendent compte que la situation a changé.

Comment ces hommes réagissent-ils quand leur femme entreprend une carrière ou de longues études qui exigent beaucoup de temps et prennent la préséance sur eux? Quels sont leurs sentiments quand leur partenaire connaît un certain succès ou réussit remarquablement bien? Comment se sentent-ils quand c'est *elle* qui part en voyage d'affaires?

Lorsque les hommes de 50 ans parlent du retour de leur femme sur le marché du travail, ils commencent souvent par se montrer très raisonnables. Prenons le cas de Marcel.

Marcel est un homme de 58 ans qui a réussi sa carrière. Il a travaillé pour payer ses études d'ingénieur et, dès l'âge de 23 ans, il possédait sa propre entreprise.

Ses affaires allaient tellement bien qu'une grande société lui proposa de racheter son entreprise. À 34 ans, il se retrouve « prématurément » riche. Il continua à avoir du succès, mais rien d'aussi spectaculaire que ce qu'il avait connu dans sa jeunesse.

Françoise et lui s'étaient rencontrés à l'université. Françoise était devenue enceinte avant d'avoir terminé sa licence et ils s'étaient même demandé si elle n'accoucherait pas avant d'avoir obtenu son diplôme. Les années avaient passé et, à l'âge de 45 ans, lorsque le dernier de ses quatre enfants avait eu 17 ans, elle avait fait une année d'études supérieures en zoologie. Comme ses notes étaient excellentes, elle avait été admise en médecine. Après sa résidence, on l'avait invitée à faire partie du corps professoral. Or, ceci avait entraîné de vives discussions entre Marcel et Françoise.

MARCEL : Vous savez, la première fois que Françoise m'a parlé d'entrer en médecine, j'ai été plutôt étonné, mais je me suis dit : « Pourquoi pas ? » Non seulement m'avait-elle soutenu pendant mes études et lorsque j'avais lancé mon entreprise, mais elle s'était toujours bien occupée des enfants. J'ai pensé qu'elle avait droit à sa chance elle aussi et je l'ai appuyée pendant ses études et même pendant sa résidence.

L'une des choses que nous avions convenues était qu'elle se spécialiserait en dermatologie et pourrait exercer sa profession tout en évitant les urgences et les appels de nuit. De toute façon, elle pouvait aussi choisir de travailler à temps plein ou à temps partiel, selon les circonstances.

Je ne pensais jamais qu'elle se laisserait prendre à ce point par sa carrière ni qu'elle réussirait aussi bien. Je suis tout à fait d'accord qu'elle soit médecin et qu'elle pratique, mais maintenant, il y a cette histoire d'université qui se présente. Non seulement serat-elle à la clinique toute la journée, mais il faudra encore qu'elle passe ses soirées à écrire. Et on lui a demandé d'assurer la coordination d'un projet de recherches, ce qui veut dire qu'elle devra se déplacer au moins deux fois par mois. Maintenant que les enfants sont partis et que nous en avons le temps, j'avais espéré que nous voyagerions davantage et que nous passerions plus de temps ensemble.

Je ne suis vraiment pas très heureux que Françoise veuille toujours en faire plus et je n'ai pas envie de passer les 15 prochaines années de ma vie à essayer de la voir entre deux patients, deux conférences ou deux voyages.

La situation de Marcel est très différente de celle de Françoise. Ses années de lutte pour réussir sont maintenant terminées, mais il est encore dans la force de l'âge, actif et en bonne santé. Il ne veut pas passer son temps tout seul à la maison à attendre le retour de Françoise.

Intellectuellement il comprend l'enthousiasme de Françoise pour son travail et il sait que le poste à l'université est pour elle un grand défi à relever. Sur le plan émotif, toutefois, il se sent non seulement bousculé et abandonné, mais coupable d'éprouver de tels sentiments. Il préférerait réagir autrement, mais c'est comme ça! Françoise, qui est une femme sociable, énergique et ouverte ne sait plus si elle devrait pleurer ou se mettre en colère.

FRANÇOISE: Tout ce que Marcel a dit est vrai, mais je ne peux pas changer ce que *je* ressens. Quand j'ai commencé mes études en médecine, je savais que ce serait difficile. Mais je ne me doutais pas que ça allait me passionner à ce point. Je n'avais jamais osé rêver de devenir un jour professeure.

Marcel a tout à fait raison. J'ai choisi la dermatologie parce que c'est une spécialité où les urgences sont rares. Je pensais faire de la pratique privée ou travailler à temps partiel dans une clinique.

Maintenant, je me sens coincée. J'aime Marcel et je ne voudrais pas mettre notre mariage en danger. Mais j'aime aussi mon travail et j'adore les défis qu'il me permet de relever. Je ne sais vraiment pas quoi faire !

Beaucoup de femmes vivent le même dilemme que Françoise, car s'il est rare qu'une femme entreprenne des études de médecine à son âge, les femmes recommencent souvent à travailler vers 45 ans. Lorsqu'elles sont compétentes et dévouées, elles se retrouvent au début de la cinquantaine devant une carrière prometteuse qui ne fait que commencer. Cependant, si elles veulent continuer à réussir sur le plan professionnel, elles doivent y consacrer le temps qu'il faut, voyager et faire exactement ce que les hommes qui ont du succès ont toujours fait.

Les hommes de l'âge de Marcel sont de plus en plus nombreux à vivre ce genre de problème. Depuis l'école secondaire, ils ont consacré tout leur temps à réussir leur carrière. Ils ont fondé des entreprises, sont devenus directeurs généraux ou associés d'un bureau d'avocats et jouissent maintenant d'un revenu leur assurant une vie agréable. Leurs enfants ont quitté la maison et ils sont psychologiquement prêts à se détendre. Souvent, ce sont des hommes qui ont passé peu de temps avec leur femme et leurs enfants parce que leur carrière les accaparait trop.

Ayant été des pères souvent absents, ils ont parfois envie d'être de vrais grands-pères (tout le plaisir sans les responsabilités). La maison ou l'appartement leur semble vide sans la présence des enfants et s'ils arrivent à vaincre le démon du midi, ils sont prêts à se rapprocher de leur partenaire et vivre la relation sentimentale qu'ils gardent en veilleuse depuis 20 ans. Les hommes comme Marcel ont envie d'intimité et d'engagement.

Dans bien des cas, ni l'homme ni la femme ne peuvent prévoir ce qui se produira quand cette dernière retournera aux études ou au travail. Le problème vient souvent du fait que la carrière de la femme prend son envol au moment même où celle de son mari commence à perdre de son importance. Celui-ci a soudainement besoin d'une partenaire plus disponible. Que faire?

En ce qui concerne Françoise et Marcel, nous sommes arrivés à une «entente négociée». Françoise a accepté un poste à temps partiel à l'université et n'est responsable que du projet de recherches. Cela l'oblige à travailler de longues heures pendant certaines périodes, mais elle a du temps pour voyager avec Marcel. Sans avoir l'impression de compromettre la qualité de son travail, elle peut consacrer du temps à son mari et à leur relation.

Marcel s'est montré beau joueur. Il n'était pas entièrement satisfait de la disponibilité de Françoise (Adieu croisières de deux mois autour du monde!), mais il se sentait coupable de ne pas l'appuyer davantage.

De nos jours, ce genre de problème est de plus en plus fréquent. Marcel et Françoise se rendaient parfaitement compte que si la carrière de Françoise continuait d'accaparer tout son temps, la relation qu'il vivait ensemble deviendrait de plus en plus tendue. Ils sentaient que leur mariage était fragile et *ils avaient tout à fait raison.*

Les hommes comme Marcel doivent décider s'ils veulent mettre fin à leur mariage et chercher une autre partenaire aussi intéressante et compatible, mais plus disponible que leur présente compagne, ou modifier les attentes qu'ils entretenaient à l'égard de la cinquantaine. Cela peut impliquer l'investissement de leur temps dans une nouvelle carrière ou une autre activité.

Les femmes comme Françoise doivent faire un choix

entre la réussite professionnelle malgré la détérioration de leur mariage et une carrière plus modeste qui leur permette de demeurer mariées.

Quand les femmes voyagent

Il est maintenant évident que le succès comporte des avantages et des inconvénients. En règle générale, avoir du succès, pour une femme, implique gagner plus d'argent, être connue et jouir de plus de prestige et de pouvoir. Mais il y a aussi toutes sortes d'exigences qui se rattachent à la réussite professionnelle. Si vous avez du succès, vous travaillez davantage, parfois même le soir ou durant les week-ends. Vous êtes souvent appelée à voyager, car c'est la rançon de nos jours. Or, tout ceci a un effet considérable sur les hommes. En voici un exemple :

Pierre est un architecte de 42 ans. Il est marié à Anne, qui est décoratrice depuis 12 ans. Ils ont décidé que malgré des intérêts communs, leur esprit de compétition les empêcherait de bien travailler ensemble. Ainsi, sauf s'il s'agit de « projets amusants », chacun travaille de son côté.

Pierre et Anne ont tous deux bien réussi. Ils ont deux enfants et une vie bien équilibrée. Ils partagent les travaux domestiques, l'éducation des enfants et ont une vie sociale bien remplie. Toutefois, lorsqu'ils sont venus me voir, les choses étaient en train de changer.

PIERRE : Je suis un peu embarrassé de parler de ces choses-là, mais je ne peux rien changer à la vérité. Quand nous avons terminé nos études, il était clair que je devais faire passer ma carrière avant tout. Je travaillait 60 à 70 heures par semaine. Au début, notre table de salle à manger me servait de table à dessin. Je travaillais comme un fou. Mais tout cela n'a pas été en vain car je suis devenu architecte principal dans le bureau qui m'employait, puis j'ai ouvert mon propre bureau.

Anne a très bien réussi de son côté et la boîte pour laquelle elle travaille fait de très bonnes affaires. Ils s'occupent maintenant de l'aménagement et de la décoration d'importants bureaux d'avocats et Anne a vraiment acquis une réputation enviable dans ce domaine. Non seulement est-elle la meilleure décoratrice, mais c'est elle qui fait les meilleures présentations. En fait, sa boîte l'a même chargée de rechercher de nouveaux clients.

Mais avez-vous une idée de ce que cela implique? Eh bien, laissez-moi vous renseigner! Premièrement, cela signifie que ses heures de travail ne cessent de s'allonger. Ce n'est pas tout! Elle doit maintenant se déplacer au moins une fois par semaine, et ses absences durent parfois deux ou trois jours. Notre vie en est complètement bouleversée. C'est difficile pour tout le monde et je me sens seul.

Il y a encore autre chose, que j'ai plutôt honte d'avouer, mais il faut bien que je le dise! Anne voyage souvent avec deux associés du bureau, des hommes, bien entendu. Je n'ai jamais été jaloux, mais ça m'embête qu'elle passe presque autant de nuits avec eux qu'avec moi.

Je sais qu'en principe, quand on est bien dans une relation, on ne recherche pas les aventures. Mais quand même! Anne est une belle femme et je ne peux m'empêcher de me faire du souci. Je sais qu'elle a dû avoir les mêmes inquiétudes quand je voyageais, mais il y a 10 ans de cela.

C'est peut-être irrationnel de ma part!

Ce n'est peut-être pas convenable, mais en ce moment, j'ai l'impression que son succès nous apporte plus d'ennuis qu'autre chose et je ne vois pas comment nous pouvons nous sortir de cette impasse.

Pierre avait eu raison de commencer par venir me voir pour discuter avec moi et me confier les sentiments qu'ils éprouvaient. Beaucoup d'hommes n'admettent pas facilement ce genre de choses. Et les femmes n'apprécient guère voir les hommes exprimer des préoccupations du genre de celles de Pierre, car cela ne fait que leur démontrer qu'ils ont encore deux poids et deux mesures. Ce qui était bon pour eux ne s'applique plus quand il s'agit de leur femme. La plupart des hommes admettent que c'est irrationnel, mais que c'est comme ça!

D'autre part, il est vrai que la crainte des hommes d'être trompés par leur femme n'est pas entièrement sans fondement. Non seulement les liaisons entre hommes et femmes dans la quarantaine et la cinquantaine sont-elles de plus en plus fréquentes, mais le milieu du travail semble très propice à l'éclosion de ce genre de relation. Alice Sargent, l'auteure de *The Androgynous Manager,* encourage les hommes et les femmes qui voyagent ensemble à discuter ouvertement de ce problème, car cela se révèle souvent le meilleur moyen de minimiser les risques avant qu'il ne surgisse.

Dans ce cas-ci, nous sommes arrivés à une solution fragile. J'ai encouragé Pierre à parler à sa femme de ses craintes et de ses inquiétudes concernant la fidélité sexuelle. Anne l'a rassuré chaleureusement et lui a juré qu'elle n'était nullement intéressée à avoir une liaison avec qui que ce soit. Pierre s'est senti grandement soulagé. Elle lui a aussi dit que son travail ne l'obligerait à voyager que pendant quelques mois encore. Elle lui a expliqué qu'elle était en train de mettre au point une présentation type dont les autres employés pourraient se servir et qu'elle s'était déjà engagée à limiter ses déplacements à une journée par semaine.

Rassuré et encouragé, Pierre a développé une attitude plus positive à l'égard des absences de sa femme. Il les considère maintenant comme une occasion de passer plus de temps avec ses enfants. La dernière fois que je les ai rencontrés, tout allait bien entre eux.

Considérations préliminaires

Bien que plusieurs choses influent sur la réaction d'un homme face au succès de sa femme, je tenterai ici de décrire les caractéristiques des facteurs le plus susceptibles d'influencer la façon dont il réagit. En y réfléchissant ensemble, les hommes et les femmes pourront mieux prévoir les effets que sa réussite à elle aura sur lui et sur eux.

La qualité de leur relation. Si la relation d'un couple est déjà précaire, tendue et malheureuse, la réussite de la femme se révélera souvent une source de stress additionnel qui risquera de tout faire basculer.

Les complications d'ordre pratique. Comme je l'ai dit précédemment, l'un des inconvénients du succès est qu'il entraîne des déplacements. Dans la plupart des cas, les voyages d'affaires d'une femme ont plus d'effets sur le couple que ceux des hommes, surtout lorsqu'il y a des enfants à la maison. Même lorsque l'homme est un père très actif, les absences fréquentes ou de longue durée de la femme mettent la vie familiale à rude épreuve.

Sa carrière à lui — où en est-elle et où mène-t-elle? Plus un homme a du succès, moins celui de sa partenaire ne le mettra mal à l'aise, même s'il égale ou dépasse le sien. S'il jouit déjà de tous les signes extérieurs du succès et du prestige, il lui sera beaucoup plus facile d'accepter que sa femme puisse en jouir elle aussi.

De plus, ses propres perspectives professionnelles influenceront sa réaction envers elle. Si sa carrière lui offre encore des possibilités d'avancement, le succès de sa femme lui semblera moins menaçant. Toutefois, s'il a atteint un plateau ou s'il a subi certains revers de fortune, il lui sera plus difficile d'accepter la réussite professionnelle de sa compagne. Enfin, s'il estime qu'il n'a pas atteint pendant la quarantaine les buts qu'il s'était fixés, il risque d'avoir beaucoup de mal à composer avec le succès de sa partenaire.

Son estime de soi. Est-il généralement bien dans sa peau? A-t-il confiance en lui? Est-il indépendant, sociable et à l'aise avec les gens qui l'entourent? Si c'est le cas, il réagira probablement très bien au succès de sa femme.

Son esprit de compétition et son besoin de dominer. Les hommes ont toujours été encouragés à développer un esprit de compétition et à lutter pour gagner. Dominer et rester maître de toute situation sont des comportements récompensés sur le marché du travail et valorisés dans les médias. Ainsi, les hommes qui ont toujours besoin de gagner, qui ne peuvent pas supporter la défaite, même si ce n'est qu'une partie de tennis entre amis, auront beaucoup de difficulté à accepter la réussite de leur femme. Ils auront tendance à penser qu'ils doivent aussi gagner à la maison et verront la réussite de leur femme comme une défaite pour eux.

Son expérience personnelle avec les femmes qui ont du succès. Si un homme a grandi avec une mère qui avait du succès, mais qui conservait une bonne relation avec son mari, il considérera le succès de sa femme comme normal. Toutefois, s'il a passé son enfance entre un père dominateur et une mère extrêmement soumise, il y a de fortes chances que ce stéréotype influence ses réactions.

Bien que ni les hommes ni les femmes ne soient irrémédiablement marqués par leur enfance, il ne faut pas en négliger l'influence. Leur propre petite histoire familiale peut offrir aux femmes et aux hommes des indices qui les aideront à mieux comprendre la réaction des hommes face au succès de leur partenaire.

Comment réagit-elle à son propre succès? Il arrive que les femmes et les hommes se conduisent de façon arrogante ou insultante, ce qui ne fait qu'aggraver la situation. Si elle devient désagréable, renfermée, hautaine ou méprisante, il lui rendra sûrement la monnaie de sa pièce.

En raison de leur histoire familiale, certaines femmes sont mal à l'aise quand elles ont plus de succès que leur partenaire et réagissent de façon peu appropriée. Il arrive même qu'une femme devienne égocentrique au point d'en oublier complètement les besoins de son partenaire.

La rapidité de son succès. Les êtres humains sont des organismes éminemment adaptables. Avec le temps, les hommes et les femmes s'ajustent aux nombreux changements qui surviennent dans leur relation. Imaginons ce qui arriverait si l'on vieillissait de 40 ans en une seule année. Cela aurait un effet dévastateur. Pourtant, on s'adapte graduellement à avoir moins d'endurance, des cheveux grisonnants et des muscles plus flasques. Il en est de même pour le succès. Si le succès d'une femme vient graduellement, son partenaire sera plus susceptible d'y réagir positivement. Cependant, si elle connaît une ascension soudaine et spectaculaire (d'étudiante de droit à associée dans un grand bureau, de figurante à vedette principale, de stagiaire en gestion à adjointe au vice-président), l'adaptation sera plus difficile.

S'ils peuvent en parler souvent et sans animosité. Parler d'un problème peut aider à le résoudre. Je dis bien *parler* — pas se comparer, se vanter ou faire des déclarations à l'emporte-pièce. Être capable de parler de son succès sans en faire toute une histoire contribue souvent à désamorcer une situation explosive au sein d'un couple.

Finalement, si elle adopte un comportement qui lui laisse savoir qu'il compte encore pour elle. En devenant trop absorbées par leur travail, les femmes comme les hommes peuvent négliger leur relation amoureuse. Pourtant, quand une femme a beaucoup plus de succès que son mari, c'est le moment où il faut qu'elle lui fasse sentir qu'il garde la priorité dans sa vie. Bon nombre de femmes qui ont connu beaucoup de succès admettent qu'elles ont dû investir plus d'efforts pour conserver une relation heureuse avec leur conjoint qu'avant de connaître le succès.

IX

Un nouveau départ

En écrivant ce livre, j'ai voulu démythifier toute la méfiance et la confusion que les deux sexes s'inspirent mutuellement.

J'ai essayé de décrire les hommes tels qu'ils sont aujourd'hui... avec leurs faiblesses, leurs points forts, leurs qualités et leurs défauts. J'espère avoir réussi à dissiper quelques-uns des mythes qui les entourent :

- que les hommes n'ont pas besoin des femmes ;
- que les hommes ne veulent pas s'engager ;
- que les hommes ne veulent pas se marier.

Mais j'espère également avoir contribué à démanteler une autre série de malentendus qui découlent des idéaux de la révolution sexuelle :

- que les hommes réussissent facilement à exprimer leurs sentiments ;
- que les hommes sont prêts à prendre de grosses responsabilités à la maison ;

- que les hommes sont prêts à avoir des relations égalitaires.

C'est vrai qu'ils font des efforts dans ce sens, mais ils changent beaucoup moins rapidement que les femmes ne l'imaginent ou ne le désirent.

- Les hommes accusent toujours beaucoup de retard sur les femmes dans les domaines de l'intimité, du soutien moral et de l'expression des sentiments.
- Les hommes de tous les âges sont d'abord attirés par l'apparence d'une femme, puis par sa personnalité.
- Au début, les hommes sont plus susceptibles d'être séduits par la douceur que par l'intelligence. Avec le temps, ils découvrent les autres qualités de leur partenaire.
- La plupart des hommes sont encore mal à l'aise (comme la plupart des femmes d'ailleurs) dans une relation où la femme domine, mais ils sont en train d'abandonner peu à peu le besoin de tout prendre en charge.

Les relations amoureuses

Comme je l'ai mentionné, il n'y a jamais eu d'époque plus difficile pour les relations amoureuses. Mais il ne faut pas oublier que nous vivons aussi une période de changements sociaux accélérés. Par conséquent, si vous pensez qu'il est difficile de vivre une relation amoureuse, vous avez raison. Mais si vous croyez être la seule personne à connaître ce genre de problème, vous avez tout à fait tort.

Que vous soyez un homme ou une femme, si vous pensez qu'il serait plus facile de revenir au bon vieux temps où tout était facile, ne vous en faites pas! Beaucoup de gens sont de votre avis! Mais si vous savez *vraiment* comment les choses se passaient dans ce temps-là, vous avez peu de raisons d'être nostalgique. En fait, les rôles étaient peut-être mieux définis, mais la plupart des hommes étaient des bourreaux de travail, tandis que les femmes demeuraient presque toujours des ménagères sans relief. La vie était difficile aussi et nettement moins intéressante qu'aujourd'hui!

Si vous estimez qu'il est pratiquement impossible de rencontrer de nos jours des gens qui sont vraiment heureux, étant donné que 50 pour 100 des mariages se terminent par un divorce, pensez-y à nouveau.

Le taux des divorces s'est stabilisé et le nombre d'hommes et de femmes qui vivent ensemble au lieu de se marier, comme il y a 25 ans, fausse les statistiques sur le nombre réel de couples stables qui existe. Compte tenu de la complexité de la vie moderne, il est même remarquable que la moitié de tous les couples mariés restent ensemble.

Une question d'attitude

J'ai souvent insisté sur l'importance de bien comprendre une situation, avant d'essayer de la changer. En guise de conclusion, j'aimerais vous laisser quelques lignes directrices en matière d'attitude pour vous aider à développer une meilleure relation avec la personne que vous aimez et à éviter tous les petits malentendus qui risquent de vous conduire à l'échec amoureux.

Premièrement, *admettez que, comme dans la vie, il est normal que des conflits surgissent dans vos relations amoureuses.* Ils accompagnent souvent la passion et l'apprentissage de l'intimité. Une divergence d'opinion dans un couple n'implique pas que la relation est vouée à l'échec. Toutefois, un couple qui n'arrive jamais à trouver de solution peut devoir apprendre à naviguer entre les écueils que créent les malentendus. Les divers exemples contenus dans les pages précédentes vous aideront sans doute à concevoir de nouvelles démarches pour résoudre vos conflits.

Deuxièmement, *cessez de vouloir gagner.* La plupart des hommes et des femmes qui ont des opinions divergentes au sujet de quelque chose se préparent à la guerre. Ils essaient instinctivement de défaire leur adversaire et de triompher. Or, en agissant ainsi, tout le monde y perd. Les partenaires plus sages évitent les longues altercations et s'efforcent plutôt de trouver une solution à leur problème.

Troisièmement, *acceptez le fait que les hommes et les femmes soient différents.* Et qu'ils aient des besoins différents. Les sexologues diront, par exemple, que les hommes préfèrent les caresses passionnées et que les femmes recherchent surtout la douceur. Quand un homme caresse une femme avec trop de vigueur ou qu'une femme le caresse trop timidement, ni l'un ni l'autre n'est satisfait. Le secret est de connaître les désirs de l'autre, de lui dire ce que l'on veut, de satisfaire ses besoins avec enthousiasme et de s'attendre au même traitement de sa part. Bien entendu, ceci ne concerne pas que les relations sexuelles, mais aussi les divers autres aspects d'une relation amoureuse.

Finalement, *sachez tolérer un certain niveau de tension.* En ce monde de satisfaction instantanée, on a tendance à abandonner ce qui ne semble pas fonctionner parfaitement du premier coup, au lieu d'essayer de découvrir le problème et de le résoudre. Après un bon départ, il faut apprendre à avoir un peu d'endurance. Je ne crois pas que les hommes et les femmes doivent rester coincés dans des conflits qui n'en finissent plus uniquement parce qu'ils se sont engagés l'un envers l'autre, mais je crois qu'il leur faut quand même savoir supporter un peu de tension. Autrement, ils passeront leur vie à chercher à vivre le mythe de la sérénité absolue.

Demander de l'aide

Pour une raison ou pour une autre, il arrive parfois que même en faisant de son mieux, on arrive au bout de ses ressources. Mais avant de vous résigner à un *statu quo* sans joie, à une douloureuse séparation ou à toute autre solution peu souhaitable, vous auriez peut-être intérêt à rechercher l'aide d'un spécialiste en thérapie de couples. Il y a quelques années, on aurait interprété cela comme un échec total. De nos jours, heureusement, c'est une démarche de plus en plus acceptée. Rappelons-nous que les hommes et les femmes s'engagent dans des relations amoureuses avec pour tout bagage l'exemple de leurs parents. Or, tous les parents n'ont pas nécessairement les compétences ou les connaissances requises pour être de bons modèles. Rares sont les gens qui ont reçu des instructions particulières sur la façon de communiquer avec une autre personne. Par conséquent, consulter un expert se révèle souvent d'un précieux secours.

Qu'est-ce qui nous attend ?

Quand je pense à l'avenir des relations amoureuses, je me sens assez optimiste. J'imagine que les femmes apprendront à mieux équilibrer leurs responsabilités domestiques et professionnelles, tandis que les hommes deviendront plus réceptifs non seulement à l'affection de la femme qu'ils aiment, mais aussi à celle de leurs amis et de leurs enfants et qu'ils sauront mieux exprimer leurs sentiments.

Les hommes recherchent de moins en moins une vie entièrement consacrée au travail et à la réussite professionnelle. Bien que leur estime d'eux-mêmes dépende encore dans une large mesure du succès qu'ils connaissent dans leur carrière, bon nombre d'hommes reconnaissent aujourd'hui que leur famille occupe une place presque aussi importante dans leur vie. Après les excès des premières années du mouvement féministe, les femmes ont appris à mieux harmoniser leurs aspirations professionnelles et sentimentales. Leur désir d'autosuffisance totale disparaît peu à peu et elles cherchent maintenant un nouvel équilibre dans leur vie.

Les hommes et les femmes d'aujourd'hui abandonnent le narcissisme et l'égocentrisme des deux dernières décennies et redécouvrent les joies de l'intimité et de la dépendance, malgré les sentiments de vulnérabilité avec lesquels ils doivent composer.

Demain

Beaucoup de choses ont changé pour toujours.

Les hommes et les femmes continueront de choisir de vivre ensemble plutôt que de se marier. Le divorce fera toujours partie des moeurs, mais sans nécessairement représenter l'odieux d'une relation «ratée». Il deviendra de plus en plus courant d'avoir trois ou quatre conjoints au cours de sa vie. Une relation exclusive à vie ne sera plus la seule possibilité acceptée et viable. (Une inquiétude persiste au sujet des conséquences de ces changements sur les enfants. Mais le mot «parent» deviendra peut-être un terme fonctionnel plutôt que biologique.)

Quoi qu'il en soit, les hommes et les femmes continueront de connaître les fièvres de la passion, les jeux de la séduction et le bonheur d'une relation amoureuse profonde et satisfaisante. Le jardin d'Éden ne sera plus le même, mais il continuera à fleurir.

X

Le mot de la fin
par Marjorie Hansen Shaevitz *

Vous venez probablement de terminer la lecture du dernier chapitre de ce livre. Or, en réfléchissant à ce que vous avez lu dans le présent ouvrage, vous vous rendrez compte que vous avez beaucoup appris sur la façon dont les hommes réagissent aux changements qui sont encore en train de se produire dans la vie des femmes.

Le thème le plus important qui se dégage de ce livre est que beaucoup d'hommes se sentent seuls — mis de côté, abandonnés. Pour leur part, les femmes se sont adaptées aux changements culturels des dernières années en adoptant de nouveaux rôles et en multipliant leurs activités, si bien que, sans s'en rendre compte, elles sont devenues moins disponibles pour leur partenaire. De nos jours, les couples se retrouvent coincés entre le surmenage de l'un et la solitude de l'autre.

* Marjorie Hansen Shaevitz est l'épouse et l'associée de Morton Shaevitz. Ils dirigent ensemble l'Institute for Family and Work Relationships à La Jolla, en Californie. Auteure et conférencière, Mme Hansen Shaevitz est également membre de la Commission de l'État de Californie sur le statut de la femme et fut l'une des 13 Américaines choisies pour représenter les États-Unis en Europe, lors de la première mission commerciale entièrement féminine.

En tant que professionnels de la santé mentale, Morton et moi sommes convaincus qu'en réunissant toutes les informations nécessaires, il est possible d'arriver à expliquer et à comprendre n'importe quel comportement ou ensemble de comportements. Ce livre s'est attaché à décrire les Nord-Américains contemporains et à expliquer leurs sentiments et les raisons qui les poussent à agir comme ils le font. Bien que j'aie déjà consacré un livre (*The Superwoman Syndrome*) à la description des Nord-Américaines contemporaines et à l'explication de leurs comportements de superfemmes, je vous ferai maintenant part de mes réflexions sur les raisons pour lesquelles les femmes continuent «à tout faire», comment elles alimentent inconsciemment la solitude des hommes et quel rôle elles jouent pour perpétuer la «mésentente parfaite» qui existe entre les deux sexes.

Je cite surtout des cas de femmes qui vivent des relations qui durent depuis longtemps ou des femmes qui sont momentanément seules. Mais ce n'est nullement pour négliger celles qui viennent à peine de se lancer dans une nouvelle relation. Rappelez-vous que ce que vous lisez aujourd'hui vous empêchera peut-être de faire les mêmes erreurs dans l'avenir.

L'un des aspects les plus déroutants des relations entre les hommes et les femmes est que beaucoup de choses changent, tandis que d'innombrables autres demeurent constantes. Pour certaines personnes, et plus particulièrement pour les femmes, les changements sont trop *lents*. Pour d'autres, à savoir les hommes, ils sont trop *rapides*.

Bien qu'il soit parfois difficile de discerner les désirs de chacun, il est clair que ce sont surtout les femmes qui sont insatisfaites de la distribution arbitraire des rôles et du travail dans notre société. Les femmes ont voulu changer les règles du jeu non seulement à la maison, mais aussi sur le marché du travail. Et elles auraient voulu que les hommes partagent leur désir de voir les choses changer.

Beaucoup de femmes sont d'ailleurs convaincues que les hommes veulent les mêmes changements qu'elles. Après tout, pensent les femmes, ce n'est que «juste», «équitable» et «normal» qu'hommes et femmes partagent également les tâches au travail et à la maison.

Mais la confusion règne, car les hommes envoient sans cesse aux femmes des messages contradictoires. Extérieurement, ils se déclarent en faveur de la libération des femmes et des changements qui l'accompagnent. Mais dans leur for intérieur, influencés par leur éducation de mâles, ils se demandent ce qui ne va pas. Ils ne comprennent pas pourquoi les femmes sont tellement insatisfaites ni ce qu'elles attendent d'eux. Ils ne savent pas comment réagir.

D'autre part, les femmes ont de la difficulté à saisir pourquoi la société et la façon dont elles ont été élevées leur ont donné le sentiment d'être responsables d'un tas de choses auxquelles les hommes ne pensent jamais, comme le ménage, les enfants, la lessive, etc. Une femme a tendance à conclure que si son partenaire ne bouge pas, même après s'être fait répéter la même chose deux ou trois fois, c'est parce qu'il est entêté, insensible, indifférent ou même chauvin. Elle est ulcérée de l'entendre dire «qu'il a oublié», «qu'il n'a pas remarqué» ou pire encore, «qu'il s'en fiche».

J'ai mis un temps infini à comprendre que des choses qui me préoccupent tous les jours (et toutes les nuits) ne traversent jamais l'esprit de mon mari (et de la plupart des hommes.) J'en suis même venue à conclure que les hommes et les femmes vivent dans des mondes aussi différents que le jour et la nuit.

- *Il* ne remarque pas le désordre d'une pièce, la poussière sous les lits ou les aliments qui ont moisi dans le réfrigérateur.
- *Il* n'entend pas les enfants tousser ou pleurer à trois heures du matin (quand je suis à la maison).
- *Il* ne s'inquiète pas de ce que nous allons manger pour dîner, ni de savoir si nous avons ce qu'il faut à la maison. *Il* commence peut-être à penser à ce qu'il aimerait en rentrant du travail, mais jamais il ne s'en inquiète à deux heures de l'après-midi.
- *Il* ne pense pas aux cadeaux de Noël en octobre, ni même en décembre.
- *Il* ne pense pas à offrir quelque chose aux hôtes qui nous reçoivent ou même à envoyer un petit mot de remerciement.
- *Il* ne s'inquiète pas de savoir si la lingerie, la cuisine, les placards ou les tiroirs sont en ordre.
- *Il* ne se sent pas coupable s'il néglige ses amis ou sa famille pendant plusieurs jours.

Et

- toutes ces choses ne lui traversent jamais l'esprit pendant qu'il fait l'amour.

Bien sûr, *je* ne peux pas laisser tomber toutes les choses qu'il ne remarque pas, n'entend pas, ne prévoit pas, ne se rappelle pas ; toutes ces choses qui ne l'inquiètent pas ne lui causent aucun sentiment de culpabilité et ne lui effleurent même pas l'esprit.

En discutant de ceci avec d'autres femmes qui travaillent, tant des amies que des patientes, j'ai découvert que nous nous répétions toutes intérieurement le même genre de litanie, soit quelque chose comme :

« Je suis débordée... le travail, la maison, les enfants, les courses, les repas, la lessive, mes amis, mes parents ! Pourquoi ne m'aide-t-il pas ? Comment peut-il me laisser m'occuper de *tout* ? Ne se rend-il pas compte à quel point je suis épuisée ? »

La plupart des femmes n'arrivent pas à croire que leur partenaire soit aussi insensible à l'état de crise permanent dans lequel elles vivent et qu'il ne fasse jamais rien pour les aider. Nous, les femmes, sommes souvent tout à fait inconscientes du fait que l'éducation que les hommes ont reçue leur a appris à être totalement indifférents à certaines choses dans la vie qui nous préoccupent énormément. Pourtant, nous continuons à nous réciter des litanies :

« Je ne le laisserais *jamais, au grand jamais* s'occuper seul de tout ce qu'il y a à faire dans une maison. Je l'aime et je pense à lui. Je ferais toujours de mon mieux pour l'aider ! »

Les femmes apprennent très tôt à être attentives aux autres et surtout aux personnes qu'elles aiment. Elles présument tout naturellement que les hommes ont ce même souci et elles jugent leur conduite et leurs sentiments d'après ce code d'éthique très féminin. Elles s'attendent que les hommes se comportent comme elles le feraient si les rôles étaient inversés !

Soulignons que les litanies des femmes demeurent silencieuses et inexprimées. Bon nombre d'entre nous n'avouons jamais nos pensées à l'homme que nous aimons. Nous ne voulons pas nous imposer, ni surtout le contrarier. Nous espérons qu'il nous comprenne, remarque ce dont nous avons besoin et agisse spontanément et de bonne grâce, sans que nous ayons à le lui demander. Nous nous répétons que toutes les femmes le font et qu'il le faisait lui-même au début de nos amours ! Et les litanies intérieures reprennent de plus belle :

« Eh bien ! S'il reste là à ne rien faire, c'est qu'il n'a vraiment aucun sentiment pour moi ! Comment peut-il dire qu'il m'aime et ne jamais lever le petit doigt pour m'aider ? »

Cette dernière réflexion soulève une dynamique psychologique plutôt intéressante que les femmes ont développée au cours des dernières années. Cette dynamique confond les femmes et les amène à donner le même sens à PRENDRE SOIN DE L'AUTRE et S'OCCUPER DE L'AUTRE. Mais voici quelques exemples tirés de la vie de tous les jours qui illustrent la différence entre ces deux types de comportement:

PRENDRE SOIN DE L'AUTRE	S'OCCUPER DE L'AUTRE
Écouter d'une oreille sympathique le récit de sa dure journée de travail.	Discuter avec lui des courses qui restent à faire.
Faire sa tarte préférée.	Préparer le dîner.
Lui envoyer des fleurs.	Planter les fleurs dans le jardin.
Lui laisser un mot qui dit « je t'aime » dans sa voiture.	Lui laisser un mot qui lui rappelle de passer chez le teinturier.
Planifier un week-end de détente rien que pour lui.	Organiser les vacances de la famille.
Lui acheter un petit cadeau.	Acheter des articles ménagers.
Faire laver et cirer sa voiture.	Faire le ménage.
Inviter *ses* amis à dîner.	Inviter vos amis à dîner.
Passer du temps seule avec lui.	Nettoyer le garage ensemble.

Parce que les femmes ont appris à penser aux autres plutôt qu'à elles-mêmes, elles ont inconsciemment confondu dans leur esprit les notions pourtant très différentes de « prendre soin de quelqu'un » et « s'occuper de quelqu'un », et ce, dans un effort pour justifier leur emploi du temps. Dans notre culture, les femmes ont le choix de faire passer les besoins des autres en premier ou se sentir coupables. Ainsi, lorsqu'elles s'attaquent à prendre soin de tout ce qui doit être fait au cours d'une journée (ce qui leur demande beaucoup de temps), elles se justifient psychologiquement en se disant qu'elles ne le font pas pour elles-mêmes. Mais pour qui le font-elles réellement? Pour lui, bien sûr, ou pour eux, si elles ont une famille.

Ainsi, si tant de femmes hésitent à payer quelqu'un pour s'occuper de leur maison (ou se sentent coupables de le faire), c'est peut-être qu'elles ont l'impression de ne plus faire tout ce qu'il faudrait pour prendre soin de leur partenaire.

Cette explication nous donne également un indice de la raison pour laquelle les hommes se sentent plus seuls. De plus en plus de femmes travaillent. Or, qu'elles soient mariées ou qu'elles vivent avec un partenaire, la plupart d'entre elles continuent d'assumer 85 pour 100 de tous les travaux ménagers. Elles «travaillent» à l'extérieur puis elles «travaillent» à la maison, car, après tout, il faut bien que quelqu'un fasse la lessive et les courses, prépare les repas, lave la vaisselle et se rappelle les anniversaires de tout le monde. Même si l'on n'est pas trop pointilleuse, il y a certaines choses qui doivent être faites de temps en temps!

Ce ne sont pas les hommes, mais nous, les femmes, qui nous sentons responsables de toutes ces choses, si bien que nous nous épuisons du matin au soir à vouloir nous occuper de tout. Dans notre esprit, toutes ces activités logistiques se confondent avec la notion de «prendre soin de lui».

En réalité, cependant, certaines femmes ont peur de l'intimité qui découle d'un véritable don de soi et y substituent une agitation domestique continuelle. Elles «s'occupent» de tout au lieu de «prendre soin» de tout.

Par exemple, l'une de mes patientes se tenait occupée *tout le temps* pour éviter de se rapprocher de son mari et même de ses enfants. Une autre m'a avoué qu'elle ne tenait pas à régler son problème de surmenage, car le tourbillon de ses multiples activités lui permettait d'oublier l'échec de sa relation amoureuse. Pour se fuir soi-même, fuir un partenaire difficile ou une relation insatisfaisante, rien n'est plus facile que de se perdre dans une agitation frénétique.

Entre-temps, dans le salon, la salle de famille, le bureau ou la chambre à coucher, *il* se retrouve seul devant la télé, le journal, un livre ou un ordinateur, à se demander «ce qu'elle peut bien faire». *Il* n'a certainement pas l'impression qu'elle prend soin de lui!

Il la réclame: «Viens t'asseoir avec moi et regarder la télé.» «Viens me parler.» «Viens faire l'amour avec moi.» Il ne comprend vraiment pas pourquoi elle préfère s'occuper de tout cela plutôt que de passer un moment avec lui. Il a besoin de sa chaleur et de la tendresse qu'elle seule peut lui donner. Plus elle est occupée, plus *il* se sent seul.

Ce n'est que très récemment que j'ai compris à quel point les hommes sont dépendants de notre soutien sur le plan émotif. Ils ont besoin de tout l'amour, toute l'affection et tout le réconfort dont nous sommes capables, car ils ne les trouvent nulle part ailleurs.

Mais il est difficile pour les femmes de comprendre que les hommes n'ont pas été habitués à se donner, sauf en de rares circonstances, quand ils nous font la cour ou lorsqu'ils font l'amour. Sans en avoir totalement conscience, les hommes n'éprouvent pas la responsabilité de donner en retour l'affection et le soutien émotif que nous leur apportons si naturellement. Pourtant, c'est ce que nous attendons d'eux.

Les femmes qui travaillent ont souvent moins de temps à consacrer à leurs amies. Or, en les perdant de vue, elles se privent d'une source importante de soutien moral et émotif et reportent tous leurs besoins sur l'homme de leur vie. Combien de fois me suis-je dit : « Je n'ai pas le temps de voir mes amies maintenant. Je renouerai avec elles quand les enfants seront grands. » Mais je me suis rendu compte récemment que je me privais d'une entente et d'une compréhension particulières aux amitiés féminines. Plusieurs femmes cherchent maintenant auprès des hommes un secours que ceux-ci n'ont pas appris à donner. Et comme Adam, Ève se sent souvent seule.

Ainsi, en cette époque supposément éclairée, les hommes et les femmes travaillent trop, se sentent seuls et cherchent l'explication de leur malheur dans les faiblesses de la personne qui leur est le plus proche, leur partenaire.

Permettez-moi une petite mise au point. En décrivant les dilemmes que vivent les hommes et les femmes d'aujourd'hui, je ne veux pas, pas plus que Morton, faire porter le blâme à l'un ou l'autre des deux sexes. Je ne souscris pas non plus au statu quo ni à un retour aux attitudes traditionnelles des temps passés. Et même si je le voulais, il serait impossible de revenir en arrière.

Tout au long de ce livre, Morton a proposé des démarches concrètes pour aider les hommes et les femmes à résoudre leurs conflits. En terminant cet épilogue, j'aimerais vous faire quelques suggestions personnelles.

Soulignons d'abord que notre culture et la lenteur avec laquelle ses institutions réagissent au changement limitent la marge de manoeuvre individuelle des gens. Il est indispensable qu'autant le gouvernement et les institutions de santé et d'éducation que l'entreprise privée reconnaissent que les gens qui travaillent sont des deux sexes. Tout employeur, qu'il s'agisse d'une institution ou d'une grande entreprise, a une responsabilité envers ses employés (hommes et femmes) qui font partie de cellules familiales et il doit élaborer des politiques d'avant-garde dans les domaines suivants:

- Les services de garderie de qualité.
- Les congés parentaux (de maternité, de paternité, de maladie pour s'occuper des enfants ou de ses vieux parents).
- Le travail à temps partiel intéressant et reconnu.
- Des exigences réalistes en matière de voyages d'affaires et de déménagements.
- Des avantages sociaux et des régimes de retraite à jour et adaptés aux réalités actuelles.

Il faut soutenir et encourager les efforts déployés pour que la société reconnaisse l'importance et la valeur de la famille. Nos garçons comme nos filles doivent apprendre à réussir dans le monde du travail, tout en sachant être de bons parents, s'ils décident, à leur tour, d'avoir des enfants. Et pour l'amour de Dieu, développons une industrie de l'entretien ménager qui soit à la fois efficace et abordable, pour nous libérer de ces tâches ingrates.

Pendant que nous y sommes, trouvons des solutions à ce problème omniprésent. Premièrement, je pense qu'il serait utile que les femmes limitent le nombre d'heures qu'elles consacrent à l'entretien ménager car, comme nous le savons, ce genre d'activité a tendance à nous prendre tout notre temps.

Deuxièmement, si vous partagez votre vie avec un homme, dites-vous qu'il existe diverses solutions au problème que posent les travaux domestiques:

1. *Vous faites tout* (solution probablement inacceptable pour vous).
2. *Il fait tout* (solution inacceptable pour lui).

3. *Vous partagez les tâches également* (solution plus facile à proposer qu'à mettre en pratique, mais réalisable si vous savez communiquer et négocier avec votre partenaire).

4. *Vous engagez quelqu'un pour le faire* (solution acceptable si vous en avez les moyens et si quelqu'un veut s'occuper de trouver la «perle rare» et organiser son emploi du temps).

5. *Vous partagez certains travaux et engagez quelqu'un pour faire le reste* (la meilleure solution pour ceux qui en ont les moyens et dont la relation est assez solide pour supporter la négociation de tous les détails).

6. *Vous vous faites aider par les membres de la famille* (y compris les enfants et les invités!).

Pour bien faire comprendre la situation à votre partenaire, demandez-lui ce qu'il ferait si vous vous sépariez et qu'il se retrouvait à partager un appartement avec un autre homme. S'attendrait-il que son colocataire s'occupe de tout ce dont vous vous occupez en ce moment?

Même au sein de relations heureuses, les femmes doivent faire valoir à leur partenaire les avantages qu'il trouvera à contribuer davantage à l'entretien ménager.

En effet, après tout ce que nous avons appris sur les hommes en lisant le présent ouvrage et connaissant la résistance de l'animal humain (mâle et femelle) au changement, je ne crois pas que les hommes accepteront de prendre de nouvelles responsabilités sur le plan domestique (ce qui impliquerait une modification majeure de leur comportement), à moins d'y trouver un avantage personnel concret et immédiat.

En fait, laissez-moi vous fournir quelques bons arguments à invoquer lorsque vous plaiderez votre cause auprès de lui. Votre partenaire peut être assuré de trouver trois avantages potentiels en participant davantage sur ce plan :

1. plus de temps à passer avec vous ;
2. une partenaire plus heureuse et plus détendue ;
3. une relation plus agréable.

Dites-lui, en outre, que de nombreuses recherches ont démontré que les partenaires (mâles ou femelles) qui se sentent constamment débordés par leurs responsabilités domestiques finissent par éprouver du ressentiment et de la colère. Avec le temps, leurs frustrations se manifestent par des symptômes physiques ou émotifs et des conflits.

Bien entendu, vous devez vous assurer que votre partenaire bénéficie réellement des avantages que vous lui avez promis, si jamais vous le gagnez à votre cause. Récompensez-le par un mot gentil ou une petite attention. Qui sait ! Peut-être cela l'inspirera-t-il à agir de même à votre égard !

S'il est un dénominateur commun entre les hommes et les femmes dont Morton a parlé, c'est leur désir de recevoir sans cesse plus d'attention de leur partenaire. L'attention d'un être aimé est comme l'estime de soi : on n'en a jamais trop. Mais en ce moment, dans l'état actuel de notre culture, nombreux sont ceux qui s'en sentent privés. Pourquoi ?

Disons simplement que les femmes, emportées dans le tourbillon de leurs multiples responsabilités, ne se rendent pas compte qu'elles sont « trop occupées » pour donner à leur partenaire l'attention à laquelle il était habitué. Signalons, en outre, que le rôle traditionnel des femmes est dévalorisé au profit de comportements plus « masculins », comme le souci de réussir. On n'apprend pas aux hommes à donner d'eux-mêmes. Dans leur monde, « faire » est davantage valorisé que « donner ».

Je pense que les femmes ont oublié combien nous sommes spéciales. Elles ont hérité de leurs mères, de leurs grand-mères et de toutes celles qui sont venues avant elles, cette capacité de se donner qui a soutenu l'humanité au cours des siècles et leur permet de faire ce dont la plupart des hommes sont incapables — réconforter, guérir, rassurer, apaiser, soutenir et fortifier. Mais mieux encore, les femmes savent aider les autres à se sentir aimés et appréciés.

Prenons donc la résolution de trouver le temps d'apprendre à nous donner et à recevoir, à nous soucier des autres et à prendre soin d'eux. Apprenons-le à nos fils et à nos filles. Et sachons aussi l'apprendre aux hommes dans nos vies, tout en leur faisant valoir les bienfaits qu'ils en retireront, surtout dans leurs rapports avec la femme aimée. Je pense que nous avons un rôle à jouer dans la transformation d'«Adam le solitaire». Grâce à nous, les hommes comprendront peut-être un jour que «les vrais hommes savent exprimer leurs sentiments».

Qu'avons-nous à perdre?

Lectures recommandées

La condition masculine

Bell, Donald H., *Being A Man: The Paradox of Masculinity*, Brattleboro, VT, Lewis Publishing Co, 1982.

Druck, Ken et James C. Simmons, *The Secrets Men Keep*, Garden City, NY, Doubleday, 1985.

Emerson, Gloria, *Some American Men*, New York, Simon and Schuster, 1985.

Farrel, Warren, *Why Men Are the Way They Are*, New York, McGraw-Hill, 1986.

Fishel, Elizabeth, *The Men in Our Lives*, New York, William Morrow, 1985.

Friday, Nancy, *Les Fantasmes masculins*, trad. am., Paris, Laffont, 1981, 420 p.

Garfinkel, Perry, *In a Man's World: Father, Son, Brother, Friend, and Other Roles Men Play*, New York, New American Library, 1985.

Gerzon, Mark, *A Choice of Heroes*, Boston, Houghton Mifflin, 1982.

Gould, Roger L., *Transformations: Growth and Change in Adult Life*, New York, Simon and Schuster, 1978.

Kiley, Dan, *Le Syndrome de Peter Pan*, Paris, Laffont, 1985, 310 p.

Levinson, Daniel J., *The Seasons of a Man's Life,* New York, Ballantine Books, 1978.

McGill, Michael E., *The McGill Report on Male Intimacy*, New York, Holt, Rinehart and Winston, 1985.

Naifeh, Steven et Gregory White Smith, *Why Can't Men Open Up?*, New York, Clarkson N. Potter, 1984.

Nolen, William A., *Crisis Time! Love, Marriage and the Male at Midlife*, New York, Dodd, Mead, 1984.

Pesmen, Curtis, *How a Man Ages*, New York, Esquire Press, 1984.

Pleck, Elizabeth H. et Joseph F. Pleck, *The American Man*, Englewood Cliffs, NJ, Prentice-Hall, 1980.

Pleck, Joseph H., *The Myth of Masculinity*, Cambridge, MA, The MIT Press, 1982.

Tiger, Lionel, *Men in Groups*, New York, Marion Boyars Publishers, 1984.

L'éducation des enfants

Auerbach, Stevanne et Linda Freedman, *Choosing Child Care*, San Francisco, Parents and Child Care Resources, 1976.

Bayard, Robert T. et Jean Bayard, *Your Acting-Up Teenager*, San Jose, CA, Accord Press, 1981.

Briggs, Dorothy Corkille, *Your Child's Self-Esteem*, New York, Doubleday, 1970.

Cosby, Bill, *Fatherhood*, New York, Dolphin/Doubleday, 1986.

Dunn, Rita et Kenneth Dunn, *How to Raise Independent and Professionally Successful Daughters*, Englewood Cliffs, NJ, Prentice-Hall, 1977.

Faber, Adele et Elaine Mazlish, *How to Talk So Kids Will Listen and How to Listen So Kids Will Talk*, New York, Rawson Wate, 1980.

Farson, Richard, *Birthrights*, New York, Penguin Books, 1974.

Ginott, Haim G., *Between Parents and Child*, New York, Avon Books, 1965.

Glickman, Beatrice Marden et Nesha Bass Springer, *Who Cares for the Baby? Choices in Child Care*, New York, Schocken Books, 1978.

Greenberg, Martin, Dr., *Birth of a Father*, New York, Avon Books, 1985.

Greene, Bob, *Good Morning, Merry Sunshine*, New York, Atheneum, 1984.

Hawes, Gene R., Helen G. Weiss et Martin S. Weiss, *How to Raise Your Child to Be a Winner*, New York, Rawson Wade, 1980.

Levine, James A., *Who Will Raise the Children? New Options for Fathers (and Mothers)*, Philadelphie, J. B. Lippincott, 1976.

Pogrebin, Letty Cottin, *Growing Up Free*, New York, McGraw-Hill, 1980.

Wallerstein, Judith S. et Joan Berlin Kelly, *Surviving the Breakup: How Children and Parents Cope with Divorce*, New York, Basic Books, 1980.

Whelan, Elizabeth M., *A Baby?... Maybe: A Guide to Making the Most Fateful Decision of Your Life*, New York, Bobbs-Merrill, 1975.

La relation de couple

Archer, John et Barbara Lloyd, *Sex and Gender*, New York, Press Syndicate of the University of Cambridge, 1985.

Blumstein, Philip et Pepper Schwarts, *American Couples*, New York, William Morrow, 1983.

Comfort, Alex, *La Joie du sexe*, trad. angl., Paris, Lattes, 1983, 254 p.

Curran, Dolores, *Stress and the Healthy Family*, Minneapolis, Winston Press, 1985.

Fisher, Roger et William Ury, *Getting to Yes: Negotiating Agreement Without Giving In*, Boston, Houghton Mifflin, 1981.

Lerner, Harriett Goldhor, *The Dance of Anger*, New York, Harper & Row, 1985.

Lipman-Blumen, Jean, *Gender Roles and Power*, Englewood Cliffs, NJ, Prentice-Hall, 1984.

Mornel, Pierre, *Passive Men, Wild Women*, New York, Ballantine Books, 1979.

Pogrebin, Letty Cottin, *Family Politics*, New York, McGraw-Hill, 1983.

Rubbin, Lillian B., *Intimate Strangers*, New York, Harper & Row, 1983.

Rubbins, Lillian B., *Just Friends: The Role of Friendship in Our Lives*, New York, Harper & Row, 1985.

Satir, Virginia, *Pour retrouver l'harmonie familiale*, trad. am., Paris, Éd. Universitaires, 1980, 306 p.

Satir, Virginia, *Thérapie du couple et de la famille. Thérapie familiale*, trad. am., Paris, Éd. de l'Épi, 1983, 256 p.

Seward, John P. et H. Gerogene, *Sex Differences: Mental and Temperamental*, Lexington, MA, Lexington Books, 1980.

Shaevitz, Marjorie Hansen et Morton H. Shaevitz, *Making It Together as a Two-Career Couple*, Boston, Houghton Mifflin, 1980.

Tavris, Carol, *La colère. Apprivoisez la colère, faites-en bon usage*, trad. am., Montréal, Éd. de l'Homme, 1984, 390 p.

Tavris, Carol et Carole Offir, *The Longest War*, New York, Harcourt Brace Jovanovich, 1977.

Weitzman, Lenore J., *The Divorce Revolution: The Unexpected Social and Economic Consequences for Women and Children in America*, New York, the Free Press, 1985.

Whitney, Charlotte, *Win-Win Negotiations for Couples*, Gloucester, MA, Para Research, Inc., 1986.

La condition féminine

Bardwichk, Judith M., *In Transition*, New York, Holt, Rinehart and Winston, 1979.

Baruch, Grace, Rosalind Barnett et Caryl Rivers, *Lifeprints*, New York, McGraw-Hill, 1983.

Bernard, Jessie, *The Female World*, New York, Free Press, 1981.

Bernard, Jessie, *Women, Wives, Mothers*, Chicago, Aldine, 1975.

Blotnick, Scrully, *Otherwise Engaged: The Personal Lives of Successful Career Women*, New York, Facts on File Publications, 1985.

Cowan, Connell et Melvyn Kinder, *Smart Women, Foolish Choices*, New York, Clarkson N. Potter, 1985.

Dowling, Colette, *Le Complexe de Cendrillon*, trad. angl., Paris, Grasset, 1982, 300 p.

Eichenbaum, Luise et Susie Orbach, *Understanding Women*, New York, Basic Books, 1983.

Friedan, Betty, *Les femmes à la recherche d'une quatrième dimension*, Paris, Denoël, 1969, 144 p.

Friedan, Betty, *Ma vie a changé. Écrits sur le mouvement de la libération de la femme*, trad. am., Paris, Fayard, 1977.

Gilligan, Carol, *In a Different Voice*, Cambridge, Harvard University Press, 1983.

Hennig, Margaret et Anne Jardim, *The Managerial Woman*, New York, Pocket Books, 1978.

Josefowitz, Natasha, *Paths to Power*, Reading, MA, Addison-Wesley, 1980.

Norwood, Robin, *Ces femmes qui aiment trop*, trad. am., Montréal, Stanké, 1987.

Sargent, Alice G., *Beyond Sex Roles*, St. Paul, MN, West, 1977.

Sargent, Alice G., *The Androgynous Manager*, New York, AMACOM, 1983.

Shaevitz, Marjorie Hansen, *The Superwoman Syndrome*, New York, Warner Books, 1984.

Witkin-Lanoil, Georgia, *The Female Stress Syndrome*, New York, Newmarket Press, 1984.